1000대 1의
경쟁률을 뚫는

자기소개서

최종합격자 23인의 자기소개서
Before에서 After까지
전문가의 시선으로 세밀하게 짚어간
자소서 실전 첨삭 멘토링!!

1000대 1의 경쟁률을 뚫는 자기소개서

문창준 지음

전 삼성 인사담당자가 핵심만 콕콕 짚어 코칭한
합격하는 자기소개서 작성법에 관한
40 HOT PICK!

마인드큐브

저자 서문

출간에 즈음하여

본서의 활용방법에 대하여

저자는 12년 동안 전국의 대학교 100여 곳을 다니며 취업준비생들의 취업을 도와주기 위해서 교과목, 동아리, 특강, 취업캠프, 1:1 컨설팅 등을 통해 수많은 학생들을 접해 보았다. 이러한 활동들을 하면서 느꼈던 취업준비생들의 문제점은 자기소개서 질문 항목에 대해서 '기업들이 질문에서 듣고 싶은 의도'가 무엇인지를 명확하게 알지 못한 상태에서 자기소개서를 준비한다는 점이다. 그러다 보니 기업 입장에서 정작 듣고 싶은 이야기 보다는 자신을 어떻게든 잘 드러내 보이려는 의도만 가지고 '질문 의도'와는 별 관계가 없는 이야기를 하고 있음을 너무 많이 목격하게 되었다.

자! 그럼, 지금부터라도 제대로 준비해보자! 기업에서 요구하는 자기소개서 질문에는 나름의 '질문 의도'가 있다. 이 의도를 제대로 간파해서 나의 이야기를 해 준다면 좀 더 강력한 나만의 Storytelling으로 서류전형 합격 가능성과 함께, 인성면접에서도 남다른 나의 답변기술로 좀 더 용이하게 합격의 영광을 누릴 수 있을 것이다.

저자가 그동안 100대 기업의 자기소개서 항목을 분석해보니 총 12개의 질문으로 압축할 수 있었다. '지원자의 취업 준비도'를 듣고 싶은 6

개 항목과 '지원회사/지원직무 이해도'를 듣고 싶은 5개 항목, 마지막으로 '자유 형식'을 원하는 1개 항목 자기소개서 등이다. 이에 기준해서, 12년간 취업준비생들의 지도활동을 통해서 취업에 성공한 사례를 모아 각 항목별로 2개~3개 정도의 합격사례를 담아 보았다.

질문 항목마다 자신이 준비한 최초의 자기소개서(Before 자료)와 저자의 도움을 받아 몇 번의 수정 과정을 통해서 지원회사에 제출해서 서류전형에 합격하게 된 자기소개서(After 자료)를 제시하며 저자와 함께 취업준비생이 합격 자기소개서가 되도록 각 질문마다 첨삭 지도했던 내용을 같이 보여줌으로써 각 자기소개서 항목마다 '어떻게 구성해야 하는지에 대한 방법을 쉽게 이해'할 수 있도록 구성하였다.

여기서 유념해야 할 점은 (Before 자료)가 (After 자료)가 되기까지의 과정이 단순히 일회성으로 끝나지 않고 많으면 5~6회의 수정 과정을 거쳤다는 점이다.

다시 말해서 나의 자기소개서가 만족할만한 수준이 되기까지는 생각보다 많은 고민과 정성이 필요하다. 실제로 서류 제출 마감이 얼마 남지 않아서 오늘 서류 첨삭지도가 끝나고 다음날까지 재수정할 수밖에 없는 상황에 몰려서 밤을 꼬박 새우며 수정하는 과정을 거치는 경우도 비일비재하였다.

"자기소개서 질문 의도를 정확히 이해하고,
기업에서 듣고 싶은 이야기를 해라"

아무쪼록 본서가 취업을 앞둔 취업준비생들에게 좋은 지침서가 되기를 바라는 마음이다.

누가 서류전형에 합격했을까?

아래의 3가지 자기소개서 사례는 현대자동차의 다양한 직무에 지원한 취업준비생들의 자기소개서 일부이다. 자기소개서의 질문과는 무관하게 아래 3가지 사례 중에서 어느 취업준비생의 자기소개서가 합격이고, 불합격인지 나름대로 한번 점검해 보자. 그리고 '왜 일까?'라는 질문을 스스로에게 던져보도록 하자!

〈사례 1〉 지원직무 : 마케팅, OO대/한방재료학과

'현대자동차가 대학생들을 대상으로 하는 차량을 개발한다면?'

자동차와 IT를 접목시킨 기능들을 탑재하며 all in one space의 개념으로 다가가는 것이 미래 성공의 열쇠이기 때문에 앞으로 현대자동차가 이러한 기술을 바탕으로 자동차를 만든다면 스마트한 감성을 추구하는 대학생들을 대상으로 마케팅을 펼쳐 나가는 것도 초기 시장개척에 유리하게 작용할 것입니다. (중략…)

대학생들의 키워드는 학교생활, 연애, 여행, 외모 등 보여지는 것들을 중시하는 경향이 있습니다. 따라서 대학생들을 타깃으로 한 자동차는 여러 기능들이 스마트하면서 맞춤형이어야 하며, 자동차는 스타일리시하면서도 즐거움을 제공할 수 있어야 합니다.

따라서 즐거움, 안전, 스타일이라는 키워드에 초점을 맞추어 보았습니다. 자동차의 색을 마음대로 바꾸는 기능, 자동차의 뼈대 외의 표면을 간단하게 교체할 수 있도록 만들어 즐거움을 추구, (중략…) 대학생들의 개성을 표현하는 수단으로 만드는 것입니다.

연애도 이곳에서, 둘만의 공간을 보장하는 창문 가림막 시스템

캠퍼스 내 안전한 주행을 위한 자동 엔진브레이크 모드 시스템 (중략…)

〈사례 2〉 지원직무 : 마케팅, OO대/경영학. 학점 4.3/4.5, 토익 900점]

'현대자동차의 경쟁력 향상을 위한 계량분석'

대학원 석사논문을 작성하며 STATA, Eviews 등의 통계 프로그램의 사용법을 익힐 수 있었고, 경제연구원에서 근무하며 경제상황을 분석하고 이를 해석하는 사고를 갖게 되었습니다. (중략)

신사업 개발 및 발전방향 도출 등 효율적인 계량분석이 이루어진다면 시장상황 분석을 통한 대응 전략의 기획 등 New Thinking New Possibilities 전략을 실현하는 국내 마케팅 업무에 도움이 될 것이라 생각합니다. 입사 후 통계프로그램 사용을 비롯한 계량경제학 공부에 꾸준히 매진하고 연구함으로써 현대자동차 만의 글로벌 경쟁력을 키워나가는데 앞장서겠습니다.

〈사례 3〉 OO자동차/개발, OO대/자동차학과

'취미가 꿈이 되다!'

제 취미는 산악 오프로드입니다. (중략…) 오프로드를 다녀올 때마다 차량은 파손되거나 변형된 곳이 많았고 약 5년이란 시간 동안 반복되다 보니 이제 정비도 직접 다 하게 되었습니다. 무엇보다도 오프로드가 마음에 들었던 이유는 직접 부품을 가공하고 또 장착하고 (중략…) 시간이 지날수록 점차 '자동차는 나의 길이다'라는 생각이 매 순간순간 들었고 전공을 버리고 자동차에 대한 꿈을 꾸게 되는 계기가 되었습니다. 그리하여 과감하게 자동차학과에 편입을 하게 되었고 그 첫발을 딛기 위해 자동차 동아리에 가입하기도 하였습니다.

'주최측도 깜짝 놀란 구조에 독창성 상 수상!'

견인력 테스트, 그리고 산악 오프로드를 4시간을 주행하는 '내구레이스'라는 대회 목적에 맞게 프레임을 설계하는데 있어 수년간 해 왔던 오프로드에서 느낀 점을 가능한 한 제작하려는 카테고리에 적용하기 위해 고민한 결과,

(중략…) 프레임은 누가 보아도 튼튼하고 설사 문제점이 발생하더라도 주행에 전혀 문제가 없는 구조로 완성되었습니다.

대회현장에 도착했을 때 우리 팀의 차량은 다른 팀과의 차량과는 구조 자체부터 확연히 달랐고, (중략…) 모든 코스에서 단 한번의 실패도 없이 통과하고 4시간의 내구레이스 조차 너무도 쉽게 이겨내어 독창성 상을 수상했습니다.

실패가 아닌 상식을 깬 설계가 된 셈이고 경험을 통해 쌓은 지식은 결코 헛된 것이 아니란 걸 깨달았습니다.

이상의 3가지 자기소개서 중에서 무엇이 합격 서류이고, 무엇이 불합격 서류인지 구분할 수 있겠는가? 잘 모르겠다면 지금부터 여러분은 이 책을 필독해야 하는 때가 된 것이다.

2022년 7월

사랑하는 나의 부인,

딸/사위, 아들/며느리,

그리고 예쁜 손주들에게 이 글을 바칩니다.

※ 위 3가지 자기소개서의 합격/불합격 결과는 다음과 같습니다.

〈사례 1. 합격〉, 〈사례 2. 불합격〉, 〈사례 3. 합격〉

차례

문창준

현재 (사) 한국취업컨설턴트협회 대표 컨설턴트.
저자는 27년간 삼성그룹 관계사 등에서 신입사원을 선발 육성했고, 12년 동안 전국의 대학교 100여 곳을 다니며 취업준비생의 취업을 위해 교과목, 동아리, 북캠, 취업캠프, 1:1 컨설팅 등을 진행했다. 이 책은 취업준비생들이 진짜 알고 싶은, '기업의 인사담당자가 읽고 싶은 자기소개서 작성법'에 관한 모든 것을 자신이 지도해 기업에 최종합격한 취업준비생들의 자기소개서를 통해 보여주고자 한다. 저서로는 ‹취업의 조건›(공저), <알쓸취잡>(공저), ‹취업 99°C›(공저)가 있다.
문의/상담 happymaker-ceo@hanmail.net

1000대 1의
경쟁률을 뚫는
자기소개서

저자와의 만남 안내

본 도서를 구입해 주셔서 감사드립니다.
단체로 저자와의 만남을 준비하고 계신 분들을 위해 안내드립니다.

특강 주제

1000대 1의 경쟁률을 뚫는
자기소개서

시간: 3hr/회

〈프로그램 구성〉
- 기업 채용의 이해 (0.5hr)
- 자기소개서 항목별 주요 핵심 Point 이해 (1.5hr)
- Q&A를 통한 나만의 궁금증 해결하기 (1.0hr)

특강 시 혜택

적극적인 참가자 5명 선정, 저자 친필 sign 책자 '무료' 증정

문의처: 문창준

happymaker-ceo@hanmail.net

Part

1

나의 자기소개서 점검 Point

어쩌면 여러분은 본인이 준비해서 작성한 자기소개서가 과연 '내용을 알차게 잘 구성한 건가? 질문의 의도한 바에 맞도록 내용은 잘 반영하였나? 혹시, 내가 작성한 내용이 불필요한 내용을 담은 것은 아닌가?' 등등의 의구심을 가질지도 모른다.

여러분이 그런 의구심을 가지는 것은 당연하다. 왜냐하면 아직 기업(조직)생활을 해보지 않았기 때문에 기업에서 듣고 싶은 이야기가 무엇인지 정확히 모르기 때문이다.

아래 '(그림 1) 나의 자기소개서 점검 Point' 13개 항목을 통해, 1차 완성된 나의 자기소개서 내용을 자가 진단해 봄으로써 좀 더 내실 있는 자기소개서를 완성할 수 있을 것이다.

(그림 1) 나의 자기소개서 점검 Point (현재)

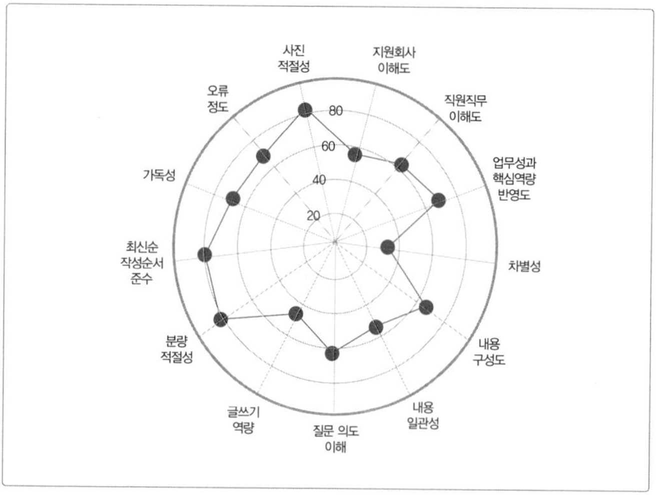

나의 자기소개서 점검에 앞서 위 '그림 1'과 같이 항목 하나하나에 대한 나의 현재 상태 점수를 냉정하게 체크해 보자! 어느 항목이

많이 부족하다는 결과가 나왔는가? 아래의 총 13개 점검 Point에 대해서 좀 더 자세히 이해하고, 왜 이것들이 중요한지를 알아보도록 하자.

점검 Point

Point 1> 지원회사 이해도

대부분의 취업준비생들은 입사하고자 하는 전략적인 '목표 기업'이 없다 보니, 지원회사에 대해 사전 정보나 지식이 없이 '묻지마 지원' 하는 식의 입사지원서를 준비하는 경우가 다반사이다.

최소한 회사의 전년도 경영현황(매출액, 이익)과 어떠한 사업들을 운영하고 있는지, 제조업이라면 국/내외적으로 어디에 사업장이 있고 사업장마다 어떤 제품들을 생산하고 있는지, 설립일이 언제이고, 대표이사 성함이 어떻게 되는지, 지원하는 회사가 속한 업종이 무엇인지 등등에 대한 기본적인 공부가 필요하다.

비록 자기소개서에 직접적으로 반영되는 것은 아니지만, 서류전형 합격 후 면접 시에는 회사에 대한 애정과 관심을 보여주기 위해 여러분이 작성한 지원기업에 대한 제 정보는 대단한 위력을 발휘할 수 있을 것이다.

과연 'Point 2. 지원직무 이해도'와 함께 '지원회사 이해도'를 높이기 위해 준비하는 소위, 기업 분석을 하는 주 목적은 무엇일까? 그것은 바로, 회사의 '지원동기와 입사 후 포부'에 대한 나만의 스토리텔링을 갖추기 위함이다. 진정 내가 원하는 기업에 입사하기를 원한다면 '지원회사에 대한 남다른 이해도'가 필요할 것이다. 꼭꼭꼭….

Point 2> 지원직무 이해도

'블라인드 채용, NCS'란 말들을 많이 들어보았을 것이다. 이는 무엇을 의미하는 것일까? 다른 어떠한 것보다 우선적으로 '지원하는 직무'에 대해 집중해서 판정하겠다는 말로 압축할 수 있다. 여러분이 지원하는 직무(Job)에는 이에 대한 역할(Role)이 있고 직무에 대한 역할을 잘 수행하기 위해서는 역량(Competence)이 필요하다. 여러분이 자기소개서에서 드러내야 하는 것은 직무(Job)을 잘 수행하기 위한 역량(Competence)을 보여주는 것이다. 그것도 여러분의 경험사례를 통해서 입증해야만 한다. (Job ⇨ Role ⇨ Competence ⇨ 경험)

잘 생각해 봐라. 여러분의 지원직무는 '미래'에 하고자 하는 일이다. 그런데 경험('과거'의 일)을 통해서 입증하란다!!! 이런 불일치 현상을 어떻게 해결해야만 할까? 지금부터 여러분은 '꿈보다 해몽을 잘 해야 한다.' 이 말의 의미는 여러분이 이미 '과거'에 경험한 소재(사례)를 통해서 미래에 지원하는 직무를 잘 수행할 수 있다는 것을 보여주어야 한다는 뜻이다.

지원회사 이해도와 함께 지원직무 이해도가 그 무엇보다도 중요함을 재차 강조한다. 입사하고자 하는 회사에 대한 지원기업 이해도를 높이기 위해 '기업 분석'을 통해서 여러분만의 '지원동기와 입사 후 포부'를, 그리고 지원직무 이해도를 높이기 위해서 여러분만의 '직무수행 역량'을 정립할 필요가 있다. 정말 중요한 것이니 진정으로 취업을 하고 싶다면 '지원회사와 지원직무'에 대한 남다른 이해도가 필요하다.

취업은 집, 학교, 인터넷, 도서관에서 하는 것이 아니다. 취업은 발로 하는 것이다. 입사하고 싶은 기업과의 인연을 만들기 위해 선배를 만나보고, 현직 직무수행 담당자를 만나보고, 현장을 확인해 보기 바란다. 이것만이 살 길이다.

Point 3> 업무성과 핵심역량 반영도

여러분이 입사하고자 하는 기업이 공기업이든, 사기업이든지 간에 기업이라는 곳은 '자선사업 단체'가 아니다. (여기서 NGO는 예외로 하자!) 그러다보니 '성과(결과)를 창출할 줄 아는 역량 있는 지원자'를 찾고 있는 것이다. 기업에서는 '저 친구를 뽑으면 돈 될 만한 친구인가!'라는 관점으로 본다.

그렇기 때문에 여러분이 작성하는 자기소개서의 모든 질문에는 여러분의 서류를 읽는 사람(지원서류 검토자, 인성 면접관)이 '지원하는 직무를 잘 수행하고, 성과를 낼 줄 하는 역량 있는 지원자'라는 것을 느낄 수 있도록 나의 자기소개서 내용을 '성과(결과) 중심'과 '지원직무를 잘 수행할 수 있겠다'라고 느낄 수 있는 '직무 역량 중심'으로 작성해야만 한다.

Point 4> 차별성

저자의 경험상, 현직에 있으면서 HR을 담당하던 당시에도 그랬고, 10여 년간 취업준비생을 도와주었던 취업컨설턴트 입장에서도, 대다수 취업준비생들의 자기소개서를 읽다 보면 A지원자의 자기소개서나 B지원자의 자기소개서가 별반 다를 것이 없다는 것을 많이 느끼곤 하였다. 이 이야기는 취업준비생 자신만의 '나만의 Storytelling'이 없다는 것을 의미한다. 이 말의 의미는 곧 기업 입장에서 꼭 당신을 채용해야만 하는 이유가 없다는 것을 의미한다.

자기소개서를 작성할 때는 우선, 나 자신을 잘 드러낼 수 있는 가장 최적의 경험 소재 선택 노력을, 그리고 선택된 경험 소재를 통해서 나만의 지원직무 수행 역량을 잘 드러낼 수 있는 표현 방법을 고민해야만 한다.

Point 5> 내용 구성도

아마도 이 글을 읽는 대부분의 취업준비생들이 나중에 기업에 입사하게 되면 가장 많이 듣게 되는 이야기 중의 하나가, '되었고, 그래서 지금 나에게 하고자 하는 결론이 뭔데?….'라는 이야기일 것이다. 이 말의 의미는 그만큼 기업에서 근무하는 직장인들은 마음의 여유가 없다는 것이다. 이러한 기업 분위기에 젖어 있는 사람들에게 나의 자기소개서에 담기는 이야기를 궁시렁궁시렁… 구구절절…. 이야기하면 나의 자기소개서는 탈락의 고배를 마실 수밖에 없게 된다.

자기소개서의 질문을 통해 '듣고 싶어하는 이야기에 대한 결론을 먼저 이야기해라!' 자기소개서를 작성할 때는 '두괄식으로!, 결론 먼저!'라는 이야기를 많이 들어봤을 것이다. 나의 자기소개서 내용 구성은 자기소개서 질문에 대한 '답을 먼저(두괄식, 결론, 요약) 하고, 그에 대한 상세한 내용을 후술'하는 식으로 전개하기 바란다. 기업에서 듣고 싶은 이야기를 먼저 요약해서 하라는 뜻이다!!!

Point 6> 내용 일관성

면접장에서 면접관은 다양한 질문을 통해 여러분이 답변한 전, 후 이야기가 앞뒤가 맞는 이야기인지에 대한 일관성을 본다. 마찬가지로 자기소개서에 담긴 나의 이야기도 앞뒤가 맞는 이야기인지, 앞쪽의 질문에서는 A라는 식의 답변을 했는데, 뒤쪽의 질문에서 B라는 식의 이야기를 하지는 않았는지를 본다.

경험사례도 마찬가지이다. 앞에서는 이러저러한 경험을 통해 '적극적이고 활동적'이라는 식의 표현을 했는데, 뒤에서는 이러저러한 경험을 통해 '섬세하고 정적'이라는 식의 내용 전개가 되었다면 여러분의 자기소개서를 읽고 있는 그 사람들은 의심의 눈초리로 나의 자기소개서를 다시 들여다볼 수밖에 없을 것이다. 일관된 나의 이야기가 담겨 있는지 체크해 볼 필요가 있다

Point 7> 질문 의도 이해

기업 자기소개서의 질문에는 기업마다 나름의 '질문 의도'가 숨어 있다. 보통 5개 내외의 질문 항목을 통해서 지원자 자신의 취업준비 모습과 지원회사와 직무에 대한 관심도, 이해도를 알아보고 싶은 것이다. 특히, 이 'Point 7. 질문 의도 이해'에 초점을 맞춰 취업준비생 여러분에게 도움을 드려야겠다는 마음에 본서를 준비하게 된 것이다.

자기소개서에서 하고자 하는 최적 소재를 선택해서 잘 구성하는 것도 중요하지만, 그 이전에 지원하는 회사에서 이러한 질문을 한 이유가 무엇인지에 대한 의도를 제대로 간파하고 기업 입장에서 가장 듣고 싶은 이야기를 기업에서 듣고 싶은 형태로 작성하는 것이 나의 자기소개서의 모든 것이라고 해도 과언이 아니다. '질문 의도'와 함께 '지원회사'와 '지원직무'에 대한 남다른 이해도로 '내용 구성'을 기업에서 듣고자 하는 형식에 잘 맞추어 적절하게 기술한다면 취업준비생 여러분의 합격은 그리 멀지 않은 곳에 있게 될 것이다.

Point 8> 글쓰기 역량

자기소개서를 준비하는 취업준비생이 글 쓰는 작가가 될 수는 없다. 그렇지만 최소한 공적인 문서에 연애편지 쓰듯이, 또는 반말의 표현을 섞어가며 써야 하는 문서는 아니다. 최소한 하고 싶은 내용을 제대로 표현하는 노력은 본인 스스로도 해야만 한다.

모 취업 컨설턴트의 경우, 취업캠프를 진행하면서 참여한 학생의 자기소개서 내용을 보고 준비한 내용이 너무 맘에 들지 않아서, 답답한 마음에 대필 수준의 글쓰기를 도와주는 모습을 자주 목격하였는데, 이는 그 학생에게 오히려 독이 되는 행위를 한 셈이 된다. 왜냐하면, 대필 도움을 받은 이 학생이 과연 면접에 가서도 자기소개서에 쓴 내용의 질문을 받았을 경우, 제대로 된 답변이 가능했을까? 아니면, 이 회사가 아닌 다른 회사의 자기소개서를 준비해야 하는 상황에 닥친다면 또다시 대필 도움을 받을 것인가?

반말보다는 겸양어를, 확신이 결여된 표현보다는 본인 스스로 좀 더 확신에 찬 표현으로, 부정적인 표현보다는 좀 더 맑고, 밝고, 긍정적인 표현으로 자신의 이야기를 성심을 다해서 표현하도록 노력해 보자! 자기소개서는 타인의 이야기가 아니고 바로 나의 이야기를 하는 공간이다. 질문 의도에 맞는 나의 이야기를 진솔하게 담는다면 고스란히 그 마음은 나의 글을 읽어주는 그 사람에게 다가갈 수 있을 것이다.

Point 9> 분량 적절성

기업은 자기소개서 항목마다 원하는 글자수를 '500자, 1000자(byte), 2000자(byte)'라는 식으로 원하고 있다. 기업에서 원하는 글자수가 지정되어 있다면 무조건 원하는 글자수의 90% 이상은 채우는 노력을 해야 한다.

원하는 글자수가 있는데도, 반 밖에 채우지 않았다면 기업 입장에서는 '할 말이 이렇게 없나?'라고 느낄 것이다. 반대로 원하는 글자수 이상을 쓰다 보면 시스템 상으로 원하는 글자수 이상은 입력이 되지 않는다.

자기소개서를 작성할 때는 평소 원하는 분량에 맞도록 적절히 준비해야만 한다. 만약에 원하는 글자수가 너무 많아서 쓰기 힘들게 느껴진다면, 자기소개서 질문에 부합하는 또 다른 소재를 선택해서 2가지의 내용을 담아도 무관하다. 단, 담고자 하는 소재 선택은 좀 더 유념해서 적절한 소재로 내용 구성이 될 수 있도록 하는 노력이 필요하다.

Point 10> 최신순 작성순서 준수

이 항목은 자기소개서에 해당하는 이야기가 아니고 이력서 준비할 때, 고려할 사항이다. 그러나 이력서와 자기소개서는 하나의 세트로 구성된 것이니 알고 넘어갈 필요가 있다. 경력(경험)사항이나, 자격증, 학력을 기록하는 항목은 대부분 한 줄 이상 기술해야 하는 항목이다. 그러나 취업준비생들은 이 항목들을 아무 생각없이 써 내려가는 경우가 많다. 지원회사에 내는 자기소개서에는 이런 항목들에도 신경을 써야 한다.

기본적으로 한 항목 이상 기술해야 하는 위와 같은 '경력(경험)사항, 자격증, 학력' 등은 최신순으로 작성하도록 하라. 왜냐하면 기업 입장에서는 취업준비생 여러분들의 가장 최신 정보를 먼저 보고 싶기 때문이다. 가장 최근에 준비하고, 경험한 것이 무엇인지를 먼저 확인함으로써 여러분들의 취업 준비도를 알고 싶기 때문이다.

Point 11> 가독성

속담에 '보기 좋은 떡이 먹기도 좋다!'는 말이 있다. 나의 입사지원서(자기소개서)는 누가 보는지 아는가? 서류전형을 진행하는 인사(채용)부서 담당자와 필요 시 직무를 수행해야 하는 현업부서에서 서류전형 검토 시 나의 자기소개서를 읽게 된다. 여기에 더해 중요한 또 다른 사람이 나의 자기소개서를 보게 된다. 바로 인성면접을 진행하는 면접관이다. 나의 자기소개서는 나의 자기소개서를 읽어주는 상대방 입장에서 좀 더 읽기 편하고, 눈에 잘 들어오도록 만들자!

나의 자기소개서를 읽어주는 상대방 입장에서 읽기 편하고 눈에 잘 들어와야 나의 자기소개서가 유용해진다. 서류전형 단계에서는 취업준비생 한 사람의 서류를 검토하는데 얼마나 시간이 걸릴 것 같은가? 수분 밖에 걸리지 않는다. 눈에 잘 들어오는 자기소개서가 서류전형 합격의 성공을 돕는 건 어쩌면 당연한 이치인지도 모른다. 그리고 면접 단계에서 면접관의 눈에 잘 들어오는 자기소개서가 읽기도 편하고, 눈에 잘 들어와서 질문하기도 용이하다. 가독성이 좋은 나의 자기소개서를 만드는 요령도 본서 본문에 잘 기술되어 있다. 들여쓰기, 줄 바꾸기 등을 적절하게 사용하는 요령을 익히자!

기업 입장에서 읽기 편하고 가독성 있는 문서를 만드는 요령이 절대적으로 필요하다!

Point 12> 오류 정도

여러분이 나의 입사지원서(자기소개서)를 최종 점검해야 하는 마지막 단계는 '오탈자 점검'이다. 여러분이 입사하고자 하는 기업에는 수많은 지원서가 쌓이게 된다. 기업의 서류전형 검토 과정에서 나의 자기소개서를 읽는 순간, 오탈자가 보인다면 서류전형 합격을 기대하지 않는 것이 좋다.

나의 입사지원서(자기소개서)에 오탈자가 있다는 것은 나의 자기소개서의 정성에 오점이 지워지지 않았다는 의미가 되고, 입사를 위한 최선을 다하지 않았다는 증거이기도 하다. 오탈자와 띄어쓰기 등 미미한 사안일 수 있지만 세심한 부분까지 나의 자기소개서에 정성을 들이는 노력이 필요하다!

Point 13> 사진 적절성

'Point 10'과 함께 이 항목은 자기소개서에 해당하는 이야기가 아니고 이력서 준비할 때, 고려할 사항이다. 최근의 채용전형은 NCS전형, 블라인드라고 해서 입사지원서용 사진을 많이 요구하지는 않는다. 하지만, 취업 준비를 위해서는 입사지원서용 사진을 하나 준비해 놓아야 한다. 만약 내가 지원하고자 하는 회사가 있는데 이력서 상에 사진을 요구한다면 달리 대처할 방법이 없다.

입사지원서용 사진은 최소한 스냅 사진, 평소에 편하게 찍은 사진의 사용은 하지 말아야 한다. 사진관에서 '웃으세요… 김치~~~' 등의 신호로 자연스러운 표정의 사진을 만들 수는 없다. 저자의 경우, 카메라 앞에서 강의하는 행동을 하며 웃는 표정, 무표정, 심각한 표정 등의 스냅 사진을 찍어서 가장 좋은 사진을 선택하였다.

나에게 맞는 가장 최적의 사진 선택은, 사진만 보더라도 직무를 잘 수행할 듯한 모습, 뭔가 믿음이 가는 모습, 최소한의 예의를 갖추고 찍은 모습의 사진이 필요하다. 취업을 위해 몇 만 원 정도 투자

하는 성의는 보이도록 하자!

이상의 점검 Point 13개 항목을 이해하였을 것이다. 여러분의 완성된 자기소개서가 있다면, 아래 '(그림 2) 나의 자기소개서 점검 Point (개선)'을 통해 다시 한 번 나의 자기소개서를 점검해 보자. 이전에 비해서 많이 달라졌는가? 그렇지 않다면 나의 자기소개서를 다시 한 번 점검해야 한다.

(그림 2) 나의 자기소개서 점검 Point (개선)

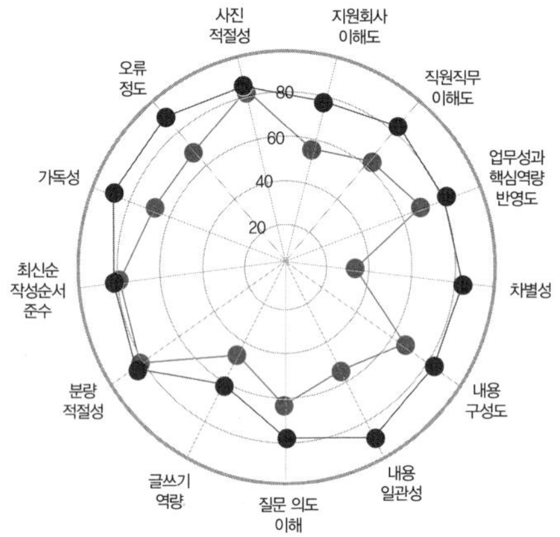

Part 2

주요 기업의 자기소개서 유형 분석

저자는 국내 100대 기업의 자기소개서 질문 항목을 면밀하게 분석해 본 결과, 기업 나름의 공통점을 발견할 수 있었다. 대부분의 기업 자기소개서에서 듣고 싶은 이야기는 크게 대별해 보면, '지원자의 취업 준비도와 지원회사/지원직무에 대한 이해도, 그리고 자유 형식'의 질문으로 요약할 수 있다. 이를 좀 더 세분해서 분류해 보면 아래와 같다.

- '지원자의 취업 준비도' 질문 항목

  ① 직무수행 역량

  ② 경험사례

  ③ 성장 과정

  ④ 성격의 장 · 단점

  ⑤ 본인 주장(가치관, 견해, 사고방식, 원칙, 기준)

  ⑥ 다중 질문

- '지원회사/지원직무 이해도' 질문 항목

  ① 지원동기 및 입사 후 포부

  ② 지원회사/지원직무 이해도

  ③ 본인 주장(가치관, 견해, 사고방식, 원칙, 기준)

  ④ 다중 질문

- '자유 형식'의 질문 항목

아래의 국내 대표적인 10개 기업의 자기소개서 항목을 보면 상기 항목 범주에 모두 포함되어 있음을 알 수 있을 것이다.

삼성전자

Q1 삼성전자를 지원한 이유와 입사 후 회사에서 이루고 싶은 꿈을 기술하십시오.

지원동기와 입사 후 포부

Q2 본인의 성장 과정을 간략히 기술하되 현재의 자신에게 가장 큰 영향을 끼친 사건, 인물 등을 포함하여 기술하시기 바랍니다. (※ 작품 속 가상인물도 가능)

성장 과정

Q3 최근 사회이슈 중 중요하다고 생각되는 한 가지를 선택하고 이에 관한 자신의 견해를 기술해 주시기 바랍니다.

주장하고자 하는 Issue와 본인의 견해/제안(다중 질문)

현대자동차

Q1 What Makes you move? 무엇이 당신을 움직이게 하는지 기술해 주십시오. (800자)

본인 주장(가치관, 견해, 사고방식, 원칙, 기준)

Q2 지원하는 직무에 필요한 역량은 무엇이며, 직무를 수행함에 있어 자신의 강점과 약점에 대해 기술해 주십시오. (800자)

직무수행 역량과 성격의 장 · 단점(다중 질문)

SK

Q1 자발적으로 최고 수준의 목표를 세우고 끈질기게 성취한 경험에 대해 서술해 주십시오.(본인이 설정한 목표 / 목표의 수립 과정 / 처음에 생각했던 목표 달성 가능성 / 수행 과정에서 부딪힌 장애물 및 그때의 감정(생각)/ 목표 달성을 위한 구체적 노력 / 실제 결과 / 경험의 진실성을 증명할 수 있는 근거가 잘 드러나도록 기술)(700~1000자, 10단락 이내)

경험사례(목표 달성)

Q2 새로운 것을 접목하거나 남다른 아이디어를 통해 문제를 개선했던 경험에 대해 서술해 주십시오.(기존 방식과 본인이 시도한 방식의 차이 / 새로운 시도를 하게 된 계기 / 새로운 시도를 했을 때의 주변 반응 / 새로운 시도를 위해 감수해야 했던 점 / 구체적인 실행 과정 및 결과 / 경험의 진실성을 증명할 수 있는 근거가 잘 드러나도록 기술)(700~1000자, 10단락 이내)

경험사례(문제 해결)

Q3 지원분야와 관련하여 특정 영역의 전문성을 키우기 위해 꾸준히 노력한 경험에 대해 서술해 주십시오.(전문성의 구체적 영역(예. 통계 분석) / 전문성을 높이기 위한 학습 과정 / 전문성 획득을 위해 투입한 시간 및 방법 / 습득한 지식 및 기술을 실전적으로 적용해 본 사례 / 전문성을 객관적으로 확인한 경험 / 전문성 향상을 위해 교류하고 있는 네트워크 / 경험의 진실성을 증명할 수 있는 근거가 잘 드러나도록 기술)(700~1000자, 10단락 이내)

직무수행 역량

Q4 혼자 하기 어려운 일에서 다양한 자원 활용, 타인의 협력을 최대한으로 이끌어내며, Teamwork를 발휘하여 공동의 목표 달성에 기여한 경험에 대해 서술해 주십시오.(관련된 사람들의 관계(예. 친구, 직장 동료) 및 역할 / 혼자 하기 어렵다고 판단한 이유 / 목표 설정 과정 / 자원(예. 사람, 자료 등) 활용 계획 및 행동 / 구성원들의 참여도 및 의견 차이 / 그에 대한 대응 및 협조를 이끌어 내기 위한 구체적 행동 / 목표 달성 정도 및 본인의 기여도 / 경험의 진실성을 증명할 수 있는 근거가 잘 드러나도록 기술)(700~1000자, 10단락 이내)

경험사례(팀워크 발휘)

LG전자, LG화학

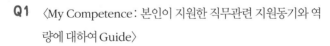

Q1 〈My Competence : 본인이 지원한 직무관련 지원동기와 역량에 대하여 Guide〉

해당 직무의 지원동기를 포함하여, 직무관련 본인이 보유한 강점과 보완점을 사례를 통하여 구체적으로 기술해 주시기 바랍니다.(1000자)

다중 질문(직무 지원동기와 직무수행 역량)

Q2 〈My Story : 본인이 이룬 가장 큰 성취경험과 실패경험에 대하여 Guide〉

본인의 인생에서 가장 큰 성취의 경험과 실패의 경험을 적고, 그 경험을 통하여 본인이 느끼고 배운 점에 대하여 자유롭게 기술해 주시기 바랍니다.(핵심 위주로 근거에 기반하여 간략하

게 기술 부탁드립니다.)(500자)

다중 질문(성취경험과 실패경험)

Q3 〈My Future : 본인이 지원한 직무관련 향후 계획에 대하여 Guide〉

본인이 지원한 직무와 관련된 본인의 향후 미래 계획에 대해 구체적으로 기술해 주시기 바랍니다.(500자)

입사 후 포부

CJ제일제당(식품)

Q1 CJ제일제당에 지원하게 된 동기와 여러 지원자들 중 본인이 'ONLYONE'이라고 생각하는 부분은 무엇인지 작성해 주십시오.(CJ에서 ONLYONE의 의미 참조)

지원동기, 본인 주장(가치관, 견해, 사고방식, 원칙, 기준)

Q2 본인이 지원한 직무 수행 시 필요하다고 생각하는 역량을 중심으로 직무를 정의해보고, 해당 직무를 본인이 잘 수행할 수 있다고 판단하는 근거를 기술해 주십시오.(본인의 강점, 가치관, 관련 경험에 근거)

다중 질문(지원직무 역할과 직무수행 역량)

Q3 CJ제일제당이 속한 식품산업군은 급속한 환경의 변화가 이루어지는 시장입니다. 식품산업군의 지원 직무 Specialist로 어떤 미래를 그리고 싶은지, 본인의 성장 계획을 작성해 주십시오.

입사 후 포부

신세계

Q1 당사에 지원한 이유와 입사를 위해 어떤 노력을 하였는지 구체적으로 기술하시오.(1000자)

다중 질문(지원동기와 직무수행 역량)

Q2 지원한 직군에서 구체적으로 하고 싶은 일과 본인이 그 일을 남들보다 잘할 수 있는 차별화된 능력과 경험을 기술하시오.(1000자)

다중 질문(지원직무 역할과 차별화 강점)

Q3 학업 외 가장 열정적이고 도전적으로 몰입하여 성과를 창출했거나 목표를 달성한 경험을 기술하시오.(1000자)

경험사례(열정/도전으로 성과/목표 달성)

롯데푸드

Q1 지원동기: 지원동기를 구체적으로 기술하시오.(600자)

지원동기

Q2 성장 과정: 성장 과정을 구체적으로 기술해 주세요.(800자)

성장 과정

Q3 사회활동: 학업 이외에 관심과 열정을 가지고 했던 다양한 경험 중 가장 기억에 남는 것을 구체적으로 기술해 주세요.(800자)

경험사례(관심/열정)

Q4 직무경험: 희망직무 준비 과정과 희망직무에 대한 본인의 강

점과 약점을 기술해 주세요.(실패 또는 성공사례 중심으로 기술해 주세요)(800자)

직무수행 역량

Q5 입사 후 포부: 입사 후 10년 동안의 회사생활 시나리오와 그것을 추구하는 이유를 기술해 주세요.(500자)

입사 후 포부

대한항공

Q1 본인이 직장을 선택할 때의 기준을 명시하고, 대한항공을 선택하게 된 사유에 대하여 기술하시오.(600자 이내)

다중 질문(본인 주장과 지원동기)

Q2 살아오면서 본인이 새로운 아이디어를 제시하였던 경험을 그 결과(무엇이 어떻게 변화하였는지)와 함께 기술하시오.(600자 이내)

경험사례(창의성 발휘)

Q3 함께 일하고 싶은 유형과 함께 일하기 싫은 유형을 기술하고, 그 두 유형의 사람들과 협력하여 공동의 목표를 달성하기 위한 방안을 기술하시오.(600자 이내)

다중 질문(본인 주장과 경험사례, 공동목표 달성))

Q4 대한항공이 글로벌 항공업계를 선도하기 위하여, 현재 어떠한 준비를 해야 할 것인지에 대하여 본인의 의견을 기술하시오.(영업, 노선 전략, 서비스, 마케팅, 고객경험, 재무, 정비, 항공기 생산 등 여러 업무 분야 중 1가지만 선정하여 기술[열거된

분야 외 자유롭게 선정 가능])(600자 이내)

본인 주장(가치관, 견해, 사고방식, 원칙, 기준)

KT 채용전환형 인턴

Q1 *KT는 블라인드 채용을 시행하고 있습니다. 자기소개서 내 개인을 식별할 수 있는 정보(성명, 가족관계, 출신지, 학교명 등)는 작성을 금하여 주시기 바랍니다.

KT 및 해당 직무에 지원한 동기와 KT 입사 후 해당 직무의 전문가로 성장하기 위해 어떤 노력을 할 것인지 구체적으로 기술해 주십시오.(최대 700자 입력 가능)

다중 질문(지원동기와 입사 후 포부)

Q2 지원한 직무를 수행하기 위해 필요한 역량은 무엇이라고 생각하며, 그 이유에 대해 설명해 주십시오. 또한 해당 역량을 갖추기 위해 노력한 본인의 경험에 대해 기술해 주십시오.(ICT인프라기술 직무는 기술 역량 중심으로 작성)(최대 800자 입력 가능)

직무수행 역량

Q3 최근 3년 내 가장 어려웠던 도전은 무엇이었으며, 그 경험을 통해 무엇을 배웠는지 기술해 주십시오.(최대 700자 입력 가능)

경험사례(도전)

Q4 공동의 목표 달성을 위한 협업경험을 본인이 수행한 역할 중심으로 설명하고, 그 경험을 통해 무엇을 얻었는지 기술해 주

십시오.(최대 700자 입력 가능)

경험사례(공동목표 달성 위한 협업)

한국전력공사

Q1 전문성: 지원 분야 수행업무와 관련된 귀하의 경험 또는 경력을 기술하고, 현업에서의 활용방안에 대한 본인의 생각을 기술하여 주십시오.

다중 질문(직무수행 역량과 직무에의 활용방안)

Q2 조직 이해: 우리 회사에 지원한 동기 및 입사 후 회사 내에서 실천하고자 하는 목표를 본인의 역량과 결부시켜 기술하여 주십시오.

다중 질문(지원동기와 입사 후 포부)

Q3 문제해결 능력: 살아오면서 장애물을 극복하고 원하는 바를 이룬 경험, 난관을 극복하기 위해 어떤 노력을 하였고 그 결과는 어떠하였는지 기술하여 주십시오.

경험사례(난관 극복)

이에 저자는 상기 질문 항목마다, 취업준비생의 '컨설팅 이전과 컨설팅 이후'의 자기소개서 2~3개의 합격사례를 통해 자기소개서를 준비하는데 실질적인 도움이 될 수 있도록 하였다.

- '지원자의 취업 준비도' 질문 항목
  직무수행 역량(3개 사례)
  경험사례(2개 사례)
  성장 과정(2개 사례)
  성격의 장 · 단점(2개 사례)
  본인 주장(가치관, 견해, 사고방식, 원칙, 기준)(2개 사례)
  다중 질문(2개 사례)

- '지원회사/지원직무 이해도' 질문 항목
  지원동기 및 입사 후 포부(3개 사례)
  지원회사/지원직무 이해도(2개 사례)
  본인 주장(가치관, 견해, 사고방식, 원칙, 기준)(2개 사례)
  다중 질문(1개 사례)

- '자유 형식'의 질문 항목(2개 사례)

아무쪼록 취업준비생들의 자기소개서 합격사례가 취업준비생 여러분의 자기소개서 준비에 많은 도움이 되기를 바란다

Part

3

합격사례 1

'지원자의 취업준비도' 질문 자기소개서

직무수행 역량

[‘직무수행 역량’ 작성을 위한 기본 구성]

저는 (　　　　)직무를 지원합니다. 이 직무수행을 위해 ?가지(3가지) 역량 (a, b, c)를 준비하였습니다.(갖추었습니다.)

　첫째, ‘a’입니다. + (입증할 본인의 경험사례)

　둘째, ‘b’입니다. + (입증할 본인의 경험사례)

　셋째, ‘c’입니다. + (입증할 본인의 경험사례)

[직무수행 역량 관련 질문]

※ 지원 분야와 관련하여 특정 영역의 전문성을 키우기 위해 꾸준히 노력한 경험에 대해 서술해 주십시오.(전문성의 구체적 영역(예. 통계 분석) / 전문성을 높이기 위한 학습 과정 / 전문성 획득을 위해 투입한 시간 및 방법 / 습득한 지식 및 기술을 실전적으로 적용해 본 사례 / 전문성을 객관적으로 확인한 경험 / 전문성 향상을 위해 교류하고 있는 네트워크 / 경험의 진실성을 증명할 수 있는 근거가 잘 드러나도록 기술)(700~1000자, 10단락 이내)

– SK

※ 직무경험: 희망직무 준비 과정과 희망직무에 대한 본인의 강점과 약점을 기술해 주세요.(실패 또는 성공사례 중심으로 기술해 주세요)(800자)

– 롯데푸드

※ 지원한 직무를 수행하기 위해 필요한 역량은 무엇이라고 생각하며, 그 이유에 대해 설명해 주십시오. 또한 해당 역량을 갖추기 위해 노력한 본인의 경험에 대해 기술해 주십시오.(ICT인프라기술 직무는 기술 역량 중심으로 작성)(최대 800자 입력 가능)

– KT 채용전환형 인턴

사례 1

지원직무에 대해 본인이 이해한 내용을 서술하고, 본인이 해당 직무에 적합한 사유를 전공능력 측면에서 구체적으로 서술하시오.

(질문의 의도)
- 지원직무가 무엇을 하는 역할인지를 아는가?(직무 역할 정의)
- 지원직무를 잘 수행하기 위한 직무 역량을 갖추었는가?(직무수행 역량)

〈삼성전자/회로설계 최종합격, S대/전자정보공학, OOO(남)〉

[Before]

S.LSI사업부 직무체험의 장을 통해 설계업무는 전문성과 협업이 더해져야 한다는 것을 알았습니다.① 특히 전자제품의 두뇌를 만드는 SoC설계는 고객사의 요청에 따라 최적의 회로를 설계하는 일이었습니다. 따라서 '설계 경험'으로 키운 문제해결능력과 '다양한 분야를 경험'하며 키운 융합사고는 반도체 설계직무에 강점이 될 것입니다.②

[VGA Display 설계와 디지털 설계 소모임]③

설계 능력은 시행착오를 해결하며 발전된다고 생각해 설계 경험을 쌓기 위해 노력했습니다.④

수업에서 Verilog HDL를 배워 FPGA와 ModelSim으로 검증하

고 VGA Display를 설계하며 디지털 설계에 흥미가 생겨서 소모임을 만들어 FPGA로 실험하며 공부했습니다.

[Synopsys현장실습, Design Compiler]③

'Synopsys 현장실습'에서 Synthesis를 위한 코딩 기법과 Timing 등 설계 시 고려사항을 배워 Tcl을 이용해 Design Compiler로 ⑤ 활용해볼 수 있었습니다Constraint를 작성하여 Setup/Hold time, Slack 등을 고려해 설계하는 프로젝트로 더 깊이 이해할 수 있었습니다. 그리고 디지털 설계라도 TR이나 물성 레벨도 고려해야 최적의 회로를 설계할 수 있다는 것을 느끼고 추가적인 학습 방향을 잡는 계기가 됐습니다.

[SoC Robot War에서의 영상처리와 DL Accelerator]③

또한, 다양한 분야의 경험으로 융합사고를 키우기 위해 노력했습니다.
SoC Robot War에서 영상처리를 담당한 계기로 영상처리에 관심이 생겼습니다. OpenCV로 손동작으로 컨트롤하는 기능을 구현해보기도 했습니다. 이후 정확도를 높이기 위해 조사하다가 DL을 접했습니다. 덕분에 FPGA로 DL Accelerator를 구상, 설계할 수 있었습니다. 이외에도 위의 역량을 키우기 위해 ARTIK기반 IoT 제작 프로젝트 등의 경험을 하며 노력했습니다. 입사 후에도 끊임없는 노력과 발전으로 삼성전자의 발전에 이바지하겠습니다⑥

【원고의 문제점과 개선 방향】

① 첫 문장 시작할 때는 들여쓰기 하기, 직무가 무엇을 하는 것인지만 설명하면 되므로, 불필요한 내용이므로 삭제할 것.

② 직무수행 역량의 우선 정립을 한 후에, 경험사례를 후술하는 방법으로 전개할 것.

③ 본인의 경험사례를 먼저 기술하기보다는, 지원직무에 요구되는 역량을 우선 강조 후 그러한 역량을 입증할 수 있는 사례를 후술하는 형태로 구성할 것.

④ 첫 문장 시작할 때는 들여쓰기 하기, 문장을 너무 단락을 짧게 나누지 말고 4~6줄 내외의 문단으로 구성할 것!

⑤ 띄어쓰기, 오탈자는 항상 주의할 것!

⑥ 마지막에 하는 '본인의 의지' 표현들은 자기소개서에서 듣고 싶은 이야기도 아니고 특별한 의미도 없는 내용이므로 생략할 것.

【문쌤이 콕 짚어주는 면접관이 읽고 싶은 자기소개서 작성법】

√ 질문 내용이 복수의 이야기를 듣고 싶어한다면, 듣고 싶은 이야기별로 구분해서 작성.(지원직무 역할, 직무수행 역량)

√ '직무수행 역량' 기술 방법은, 직무수행에 요구되는 역할(Role)을 명확히 알고, 역할 수행에 필요한 역량(Competence)을 먼저 정리한다. 그리고 나서 이 역량을 입증할 만한 본인의 경험사례를 후술.

√ 첫 문장을 시작할 때는 '들여쓰기' 준수.

√ 한 문장(Paragraph)의 구성은 5줄 내외로 구성.(너무 짧거나 긴 문장 구성이

되지 않도록 주의!)

√ 많은 지원자들이 마지막 문장 마무리를 '본인 의지' 표현을 많이 하는데, 자기소개서에서 듣고 싶은 이야기도 아니고, 특별한 의미 전달이 안 되므로 생략.

√ 가급적 자기소개서에 기술하는 전문용어는 해당 직무 분야 종사자가 아니더라도 이해할 수 있는 일반적인 용어로 풀어서 기술.

√ 마지막으로 오탈자는 반드시 확인….

[After]

[지원직무 역할]

저는 System LSI 사업부의 '회로설계' 직무를 지원합니다.

회로설계 직무는 고객사의 요청에 따라 가격, 성능을 고려한 최적의 회로를 설계하는 역할입니다. 그 중에도 시스템 반도체에서 회로설계 직무는 특정기능 구현을 위해 기능을 이해하고 분석하여 오류 없이 동작하도록 설계하는 일입니다.

[직무수행 역량]

회로설계 직무수행을 위해서 저만의 3가지 역량(문제해결능력, 응용능력, 설계Tool 사용능력)을 준비하였습니다.

첫째, 다양한 설계경험을 통한 '문제해결능력'을 쌓았습니다.
수업에서 FPGA와 Model Sim을 통해 Verilog HDL을 익히고 VGA Display를 설계하면서 경험을 쌓았습니다. 이후 소모임을 만들어 FPGA로 실험하며 학습했습니다. 그리고 삼성 ARTIK 기반 IoT 설계 프로젝트를 진행하며 End-To-End-Solution을 경험했습니다.

둘째, 다양한 활용 분야를 접하여 남다른 '응용능력'이 있습니다.
KAIST 주관 SoC Robot War에서 영상처리를 담당한 계기로 'open CV를 이용한 손동작 컨트롤러 구현'을 해 보았습니다. 정확도 향상을 기하기 위해서 조사하며 AI를 접했습니다. Tensor flow로 딥러닝을 구현해 보고 FPGA 기반 '딥러닝 가속기'를 설계했습니다. 이후 특허청 주관 캠퍼스 특허전략 유니버시아드를 통해 특허를 조사하고 미래 전략을 수립하며 특허를 접해보고 AI 칩 기술 동향을 알 수 있었습니다.

셋째, 현장 활용 가능한 '설계 Tool 사용'이 가능합니다.
Synopsys 현장실습을 통해 'Design Compiler 교육'을 수료하였습니다. Synthesis 코딩 기법을 익히고 Constraint를 작성해 Setup/Holdtime, Slack 등을 고려한 설계 프로젝트로 Tool 사용법을 익혔습니다. 또한, 수업에서 Quartus II, Model Sim, PSpice로 프로젝트를 수행하였습니다.

사례 2

exam-ple

현재 자신의 위치에 오기 위해 수행해 온 노력과 지원한 분야에서 성공을 위한 노력(계획)을 기술하여 주십시오.

(질문의 의도)
지원직무를 위해 지금까지 준비한 것에 대한 직무 역량이 있는가? 이를 본인의 경험사례로 입증!

〈카버코리아/용기디자인 최종합격, H대/디자인학과, OOO(여)〉

[Before]

저는 '화장품 용기 디자인' 직무를 지원합니다. 이 직무 수행을 위해 4가지[디자인역량, 원활한 협업, 배우는 자세, 시각과 제품 디자인] 역량을 갖추었습니다.①
첫째, 컬러, 재질, 마감의 중요성을 알고 디자인 합니다.②
고객들은 화장품을 보고 구매하여 사용하고 버리는 순간 까지의 모든 과정을 브랜드 이미지로 인식하고 고유한 경험을 통해 제품에 대한 인식과 감성을 생성합니다.
저는 학창시절 이러한 재질에 대한 중요성을 인지하고 Material & Experience 수업을 수강하며 기술의 진보에 따른 다양한 재질을 연구하였습니다. 또한 재질을 통해 소비자에게 감성언어를 전달하는 방법을 배웠습니다.
변화하는 화장품 트렌드에 따라 다양한 재질과 색상을 활용하여 디자인을 하지만 그안에 있는 일관성있는 브랜드 가치를 동시에 전달해야합니다. 저는 컬러,재질,마감에 대해 심도깊은 이해를 통해 항상 고민하고 환경을 생각하며 건강하고 밝은 에너지를 주는 AHC가 전하는 일관된 브랜드 경험을 전달하겠습니다.

둘째, 동료의 업무성향을 파악하여 원활한 의사소통을 합니다.③

회사 근무 당시 제 부서에는 아홉명의 사수 분이 계셨습니다. 모든 분의 업무 능력과 성향은 모두 달랐습니다. 한 분은 업무를 내리시면 제가 모든것을 주도하여 작업했고 다른 한분은 제가 조사해 온 것을 검토하시고 같이 의견을 내셔서 진행했습니다. 많은 분과 업무를 하다보니 빠른 업무성향 파악이 매우 중요하다는 것을 깨닫게 되었습니다. 또한, 가장 중요한 것은 어느 분의 성향에도 맞춰 대비할 수 있는 탄탄하고 철저한 자료를 준비하고 그 후 업무를 진행하는 것이라 생각합니다. 저는 어느 분과 함께 작업을 하더라도 업무 성향을 파악할 수있고 어떤 생각을 하고있는 지를 파악하여 행복한 직장생활을 할 수 있도록 노력합니다.

셋째, 산업 전반에 대한 공부를 멈추지 않는 사람입니다.

디자이너 역량을 기본으로 갖추고 저는 화장품 전반 산업에 대한 이해도를 높이기 위해 끊임없이 공부합니다. 내용물이 담기는 용기디자인에 대한 이해도를 높이고자 스스로 천연화장품 수업을 수강하여 화장품이 만들어지는 과정과 원료를 배웠습니다. 배운 내용을 바탕으로 직접 화장품을 만드는 실습을 해보며 어떻게 담고 보관해야 하는지 얼마나 오래 보존이 가능한지 알면서 디자인에 많은 도움이 되었습니다.

또한, 새로운 플라스틱 재질을 이해하기 위해 회사 업무중 직접 자원하여 롯데 메터리얼과 진행하는 신재생 플라스틱 관련 미팅에 참여하여 연관 산업의 신기술 지식을 공부하고 신 재질을 토대로 디자인해보며 트렌드를 이해하였습니다.
직무 관련 공부도 중요하지만 저는 전반적인 산업에 대한 이해도가 높아지면 디자인 직무 분야에 대한 전문성도 올라간다고 생각합니다. 전문성을 가지고 배움을 멈추지 않으면 더 나은 더 좋은 용기를 만들어 낼 것이라 생각하고 배움을 멈추지 않습니다.
넷째, 시각과 제품 공부를 통한 전문성 있는 디자이너입니다.
저는 시각과 제품 디자인에 모두 전문성을 가지고 있습니다. 저는 시각 디자인 공부를 통해 컬러, UX/UI, 브랜딩을 배우며 동시에 제품 전공을 통해 재질, 3d, 형태, 스타일링을 배웠습니다. 두 가지 전공에 대한 배움은 제품디자인과 시각디자인이 동시에 필요한 용기디자인에 많은 도움이 되었습니다. 소프트웨어적으로 photoshop, illustrator, keyshot, rhino, cad, solidworks을 공부하여 전문가 수준에 올랐으면 3D디자인에 직접 시각을 올려 완성도를 올렸습니다.

※ 상기 학생의 Before 자료는 작성 전에 '자기소개서를 이렇게 작성하라'는 이론적인 내용과 사례를 보여준 후에 작성된 내용이다 보니, After 자료와 비교해 볼 때 크게 차이점을 못 느낄 수도 있음을 사전에 인지하시고 보아주시기 바랍니다!

※ 따라서 Before와 After간에 내용 구성의 차이는 크게 없으므로 작성된 내용을 '세세하고, 꼼꼼히 살펴서 적절하게 잘 표현하고 있는가'라는 관점에서 읽어주기 바랍니다.

【원고의 문제점과 개선 방향】

① 첫 문장 시작 시 들여쓰기, 오탈자 및 띄어쓰기 항상 Check!
② 직무수행 역량을 우선 강조하고 경험사례를 기술한 것은 잘 했으나, 오탈자와 띄어쓰기가 많이 보이므로 항상 점검 필요!
③ 특별히 강조하고 싶은 부분에 대한 굵은 선 표시나 따옴표 등이 사용 가능하면 활용!

【문쌤이 콕 짚어주는 면접관이 읽고 싶은 자기소개서 작성법】

√ 직무수행 역량을 물어보는 질문은, 우선 직무에 요구되는 '역량' 강조 → 이 역량이 있다는 것을 입증하는 '경험사례'로 기술. (본인이 직무 역량이 있음을 강조하고 경험을 기술하려면 지원회사가 요구하는 직무에 대한 '역할'이 무엇인가를 정확히 아는 것이 우선 확인사항임을 주지)

√ 4가지 역량별로 기술한 본인의 경험사례의 분량을 가급적이면 '비슷한 수준'의 분량으로 조절해서 맞추도록 할 것.

√ 첫 문장 시작할 때는 들여쓰기, 오탈자와 띄어쓰기, 강조하고 싶은 부분에 대한 강조를 통해 지원자의 자기소개서의 가독성이 좋도록 구성하는 것도 매우 중요!

[After]

저는 '화장품 용기디자인' 직무를 지원합니다. 이 직무수행을 위해서 4가지 역량(CMF스타일링, 원활한 협업, 업계 정보력, 시각과 제품디자인 역량)을 갖추었습니다.

첫째, 컬러/재질/마감의 중요성을 알고 디자인합니다.

고객들은 화장품을 보고 구매하고, 사용하고 버리는 순간까지의 모든 과정을 브랜드 이미지로 인식하고 고유한 경험을 통해 제품에 대한 인식과 감성을 생성합니다.

저는 학창시절 재질에 대한 중요성을 인지하고 Material & Experience 수업을 수강하며 기술의 진보에 따른 다양한 재질을 실험하고 재질을 통해 사람에게 감성언어를 전달하는 방법을 배웠습니다. 변화하는 화장품 트렌드에 따라 다양한 재질과 색상을 활용하여 디자인하지만 일관성 있는 브랜드 가치도 동시에 전달해야 합니다. 컬러, 재질, 마감에 대해 깊이 있는 이해를 통해 항상 고민하고 환경을 생각하며 건강하고 밝은 에너지를 주는 AHC가 전하는 일관된 브랜드 경험을 전달하겠습니다.

둘째, 동료의 업무성향을 잘 이해하고 원활한 의사소통을 합니다.

화장품회사의 인턴 근무 당시 제 부서에는 9명의 선배님이 계셨습니다. 모든 분의 업무능력과 성향은 모두 달랐습니다. 어떤 분은 저에게 업무를 지시 후 스스로 주도해서 진행할 수 있도록 해주셨고, 어떤 분은 제가 조사해 온 것을 검토하시고 의견도 내주시며 진행하셨습니다. 다양한 분과 업무를 하다 보니 빠른 업무 성향 파악이 매우 중요하다는 것을 깨닫게 되었습니다. 또한, 자료를 철저하게 준비한다면 어느 분의 성향에도 맞춰서 대비할 수 있고 업무 진행을 원활하게 할 수 있다는 것을 알게 되었습니다.

셋째, 화장품 산업에 관한 이해를 위한 끊임없는 노력을 멈추지 않는 사람입니다.

저는 화장품 전반 산업에 대한 이해도를 높이기 위해 끊임없이 공부합니다. 화장품 내용물에 대한 이해도를 높이고자 천연 화장품 수업을 수강하며 화장품의 제작 과정과 원료를 배웠습니다. 화장품 제조 실습을 통해 직접 담아 보관하고 사용해 보면서 용기디자인 보존성의 중요성을 알게 되었습니다.
또한, 새로운 플라스틱 재질을 이해하기 위해 롯데 메터리얼과 진행하는 신재생 플라스틱관련 미팅에 참여하여 연관 산업의 신기술 지식을 공부하고 신재질을 토대로 디자인해 보며 트렌드를 이해하였습니다.

넷째, 시각과 제품 분야의 전문성을 갖춘 디자이너입니다.

저는 시각디자인 공부를 통해 컬러, UX/UI, 브랜딩과 함께 제품 전공을 통해 재질, 3d, 형태, 스타일링을 배웠습니다. 두 가지 전공에 대한 배움은 제품디자인과 시각디자인이 동시에 필요한 용기디자인에 많은 도움이 되었습니다. 소프트웨어적으로 photoshop, illustrator, keyshot, rhino, cad, solidworks에 대한 남다른 전문성을 갖추었고, 3D디자인에 직접 시각을 올려 스스로 주체적인 디자인 담당을 통해 완성도 있는 작업물을 디자인하는 역량을 가지게 되었습니다.

사례 3

exam-ple

지원분야에 적용할 수 있는 본인의 역량(관련지식, 연구실적, 경력 또는 경험) 및 그 역량을 갖추기 위한 노력, 동기 등을 기술하여 주십시오.

(질문 의도)
지원직무를 위해 준비한 역량과 입증할 수 있는 경험사례

〈국방기술품질원/방위산업육성지원 최종합격, G대/기계설계과, OOO(남)〉

[Before]

[역량설계]①

방위사업의 이해를 돕고자 국방벤처아이디어 공모전에 참가했고, 품질경영시스템 학습을 수행했습니다.②

먼저,③ 군수품개발 과정을 직접 경험하고자 2016년 국방기술품질원이 주최한 '국방벤처아이디어공모전'에 참가해 아이디어를 발표할 기회를 얻었습니다. 자주포 훈련시 선탑자의 안전을 확보할 수 있는 아이템을 제시하였으며, 무기체계 연구개발의 절차를 따라 공모전을 수행했습니다. 소요결정 및 탐색개발 단계에서 현역 포병부대의 설문조사를 바탕으로 문제점을 확인했고, 기존에 장치중인 안전벨트의 개선 사항을 연구했습니다. 이후 개발 된 시제품은 시험평가를 통해 안전성을 검증하였습니다. 효과적인 양산과 배치를 위해 실제 군납중인 업체를 방문하여 납품과정을 학습했습니다.

또한, ④ 국방품질경영시스템 인증업무를 이해하고자 시험평가/인증 전문인력 양성과정을 수료했습니다. 교육 과정을 통해 품질경영시스템이란 방침 및 목표를 수립하고 그 목표를 달성하기 위한 시스템을 말 하는 것이며, KS Q ISO/IEC 17025 규격의 세부지침을 기반으로 시스템을 지속개선을 해야 함을 학습했습니다. 이후 시험평가와 시스템인증 전문교과를 바탕으로 진행 된 시험에 응시하여 심사원보 자격을 획득했습니다. ⑤

※ 상기 질문은 질문 내용대로, 본인의 직무수행 역량을 먼저 강조하고, 그 역량을 갖추기 위한 노력 등의 경험사례 순서로 전개

【원고의 문제점과 개선 방향】

① 이 표현을 '소제목' 의미로 표현한 것이라면, 이하 작성된 내용을 한 줄로 읽어도 알 수 있는 함축적인 표현으로 작성할 것! (예, 신문기사 Title처럼 작성!)

② 질문에 대한 종합적인 얘기를 두괄식으로 먼저 종합해서 표현할 것.

③ '먼저, …' 이하에 기술한 내용 이전에 이 경험을 통해 지원직무를 잘 수행할 수 있다는 직무 역량을 먼저 기술하고, 경험사례를 후술할 것.

④ '또한, …' 이하에 기술한 내용 이전에 이 경험을 통해 지원직무를 잘 수행할 수 있다는 직무 역량을 먼저 기술하고, 경험사례를 후술할 것.

⑤ 자격증 획득이 자기소개서에서 자랑할 만한 기술 내용은 아님. 따라서 자기소개서에서는 넣지 말 것.(이는 이력서에 기술된 것만으로도 ok!)

【문쌤이 콕 짚어주는 면접관이 읽고 싶은 자기소개서 작성법】

√ 소제목은 신문기사 Title처럼 한 줄만 읽어도 이하의 전체 내용을 이해할 수 있는 한 줄로의 압축표현이 중요!
(예 촉법소년 상한 연령 만 12세로 낮춰질까…. 법무부 논의 본격화)

√ 소제목 이후, 본인이 작성한 전체 내용에 대해 요약할 필요가 있는데, 요약문에는 전체를 이해할 수 있는 내용으로 구성!

√ 본인이 지원하는 지원직무에 요구되는 역할을 명확히 알고, 이에 필요한 나름의 직무량 정립과 입증할 최적의 경험사례를 잘 연계해 놓음.

[After]

저는 '방위산업 육성지원' 직무를 지원합니다. 이 직무수행을 위해 5가지 역량(설계능력, 품질 역량, 품질 Mind, 창의적 아이디어, 방산업종의 정보력)을 갖추었습니다.

첫째, 남다른 부품 '설계능력'입니다.
00년에 '자주포 선탑자 세이프체어' 특허등록을 완료했습니다. 또한, 배치 중인 자주포 안전벨트에 탈부착이 쉽도록 설계하여 부품 간 호환성을 확보했습니다.

둘째, 품질개선 '전문 역량'입니다.

00년에 '이상 슬러그 유동의 실험적 연구' 1차년도 연구수행 시 직접 장비를 제작하여 품질검증을 받았고, 추가 실험을 통해 국제논문 게재의 성과를 달성했습니다.

셋째, 품질에 대한 '태도'입니다.

'00년 품질경영시스템 인증 교육'을 이수하며 품질의 정의 및 시스템의 요구사항을 학습했으며 인증기관의 업무를 파악하고 국방기술품질원의 역할을 확인했습니다.

넷째, 아이디어 '실행능력'입니다.

'00년 국방벤처 아이디어 공모전' 참가를 통해 공모전 전 과정에 연구개발 기법을 적용하였으며 이를 통해 무기체계개발 단계들을 선행학습 했습니다. 그에 대한 결과로 최우수상의 영광을 얻기도 하였습니다.

다섯째, 방위산업의 남다른 '관심과 이해'입니다.

'00년 방위사업청과 국방과학연구소'의 간행물 인터뷰 시 방위산업에 관한 신념을 발언할 기회를 얻어 소신을 표명하였습니다.

※ 본 자기소개서에서 원하는 질문 항목 글자수가 많지 않아서, 지원자의 경험 사례를 충분히 드러낼 수 없었으나 면접을 통해 충분한 보완 설명이 가능하였기에 별다른 문제는 없었음을 밝힙니다.

경험사례

['경험사례' 작성을 위한 기본 구성]

① '소제목' 달기

② 전체 내용을 이해할 수 있는 종합적인 '요약'

③ 구체적인 내용 기술(START)

Situation(상황) / Tas (문제 제기) / Action(본인이 한 행동) / Result(그에 따른 결과) / Taken(이러한 경험을 통해 느낀 점, 배운 점, 키운 역량)

[경험사례 관련 질문]

※ 자발적으로 최고 수준의 목표를 세우고 끈질기게 성취한 경험에 대해 서술해 주십시오.(본인이 설정한 목표 / 목표의 수립 과정 / 처음에 생각했던 목표 달성 가능성 / 수행 과정에서 부딪힌 장애물 및 그때의 감정(생각) / 목표 달성을 위한 구체적 노력 / 실제 결과 / 경험의 진실성을 증명할 수 있는 근거가 잘 드러나도록 기술)(700~1000자, 10단락 이내) – SK

※ 학업 외 가장 열정적이고 도전적으로 몰입하여 성과를 창출했거나 목표를 달성한 경험을 기술하시오.(1000자) – 신세계

※ 공동의 목표 달성을 위한 협업경험을 본인이 수행한 역할 중심으로 설명하고, 그 경험을 통해 무엇을 얻었는지 기술해 주십시오.(최대 700자 입력 가능) – KT

※ 문제해결능력: 살아오면서 장애물을 극복하고 원하는 바를 이룬 경험, 난관을 극복하기 위해 어떤 노력을 하였고 그 결과는 어떠하였는지 기술하여 주십시오. – 한국전력공사

사례 1

예상치 못한 문제로 인해 계획대로 일이 진행되지 않았을 때, 성공적으로 대처한 경험(사례)를 기술하여 주십시오.

(질문 의도)
향후 조직생활을 하며 예상치 못한 문제에 봉착했을 때, 어떻게 행동할 것인가를 과거의 유사상황을 통해 미래의 행동 짐작(예상치 못한 문제)

〈국방기술품질원/방위산업육성지원 최종합격, G대/기계설계과, OOO(남)〉

[Before]

'TRIZ 기법을 활용하여 문제해결을 한 경험이 있습니다.'①
[상황] 석사과정 연구주제는 '이상 유동의 실험적 연구'였습니다.② 당시 연구 인력은 저 혼자였지만 9달 이내에 제작 소요기간이 1년인 실험 장치를 완성해야 했습니다. 또한, 완성된 장치를 사용한 연구결과로 학회에 참석해야 했습니다.③
[임무] TRIZ 기법을 적용하여 문제를 기회로 바꾸기로 계획했습니다.
첫째, 현재 할 수 있는 일과 할 수 없는 일을 분류하였습니다. 선행 연구 자료를 학습하여 기존 장치의 규격을 확인하고 설계초안 작성까지는 즉시 수행할수 있는 업무였습니다. 제작을 진행할 때 장치의 안정성 확보 및 제작 이후 연구수행 시 도출되는 정량적 데이터 개선은 현재 해결할 수 없는 문제였습니다.

둘째, 가시화된 문제점에 TRIZ기법을 적용하여 '기간 내 장비제작을 완료해야 하지만 전문지식과 인력이 없어 제작이 어렵고, 완성된 장치를 이용하여 신뢰성이 검증된 데이터 확보가 필요하다.' 라는 행정적 모순을 도출했습니다.
정확한 지식을 확보하고자 유체기계 제작업체를 방문하여 재료선정과 제작방법을 학습했으며, 습득한 자료를 바탕으로 오후에 실험 장치 제작을 진행했습니다.
또한, 연구 특성상 복잡한 계면 형상 및 기포의 유입으로 순간 속도장 측정이 어려운 문제점을 고려하여 입자영상유속계 기법과 레이저형광여 기법을 동기화시켜 정량적 측정을 진행했습니다.③
[결과] 업무시간의 분배를 통해 제작기간을 6달로 단축하는 성과를 획득했습니다. 나아가 완성된 장치를 활용한 연구결과 이상유동의 분배면에서 평균 속도장 및 통계자료를 확보할 수 있었으며, 이를 통해 획득된 실험 기법을 국제 학회에 2번 국내 학회에 1번 발표하였습니다.③

【원고의 문제점과 개선 방향】

① '소제목'은 자기소개서 질문에 대한 전체 맥락을 이해할 수 있는 한 줄의 표현이 필요함.(본 내용에서 TRIZ를 잘 사용할 줄 안다는 것은 본 주제와 무관하므로 자랑할 만한 내용은 아님!)
② 질문 항목에 부합하는 소재의 적합성은 '적절'.
③ 상황, 임무, 결과의 3단계로 구분한 것은 잘 전개하였으나,

자기소개서 질문에서 기업이 듣고 싶은 이야기는 '어떤 상황 속에서 무엇이 예상하지 못한 문제였고, 이를 위해 본인이 한 행동과 결과를 통해 배우고 느낀 점'이었으므로 이를 간결하게 정리해 기술하면 됨.

【문쌤이 콕 짚어주는 면접관이 읽고 싶은 자기소개서 작성법】

√ 듣고 싶은 주제(예상치 못한 문제)에 대한 소재의 적절한 선택 유무.

√ 지원자의 경험사례를 묻는 어떠한 질문도 3가지 원칙을 준수할 것.

① 3단 논법: 소제목 + 요약 + START로 구체적인 내용 전개

② START': 이를 통해, 본인의 이야기를 충분히 전개할 수 있도록 구성.

③ '들여쓰기, 줄 바꾸기': 첫 문장 시작할 때는 '들여쓰기'를, 전체 문단이 길어질 경우에는 4~6줄 정도에서 화제가 전환되는 시점에서 '줄 바꾸기' 실행할 것.

[After]

'해내고야 말겠다는 사명감과 책임감은 배신하지 않는 결과를 가져다 주었습니다'

연구과제 수행 중 발생한 인력 부족과 전문성 확보 문제를 현재 역량에 따라 분류하였고, 스스로 할 수 없는 일은 전문가의 도움과

남다른 노력을 통해 실험장치 제작 기간 단축과 함께 학회에 발표까지 하고 성과를 이루어 냈습니다.

연구주제 선정 시 실험장비 개발에서부터 결과 도출까지의 과정을 직접 경험하고자 하였습니다. 목표에 따라 1차년도 연구과제를 직접 수행하기로 했고, 장치 제작을 고려했을 때 최소 4명의 연구원이 필요했습니다. 하지만 기존의 연구원들이 타 실험을 도와야 하는 상황이 발생하여 많은 업무량을 9달 이내에 스스로의 힘으로 실험장치 제작을 완성해야 했습니다. 뜻밖의 상황에 당황했지만, 문제를 해결하는 것이 엔지니어라 생각하며 2가지 해결방안을 계획하고 실행하였습니다.

첫째, '스스로 할 수 있는 일과 할 수 없는 일'로 분류하였습니다.

선행 자료를 바탕으로 장치의 규격을 파악하여 도면을 작성하는 것은 수행할 수 있는 업무였습니다. 이후 제작 단계에서 장치 안정성 확보 및 연구를 통해 획득하는 정량적 데이터 개선은 현재 해결할 수 없는 문제였습니다.

둘째, 문제점 해결을 위해 남다른 시간과 노력을 투자했습니다.

현실적 문제인 전문지식 확보를 위해 매일 아침 유체기계 제작 업체를 방문하여 재료선정과 제작방법을 학습했으며, 습득한 자료를 바탕으로 오후에 실험장치 제작을 진행했습니다.

적절한 업무시간의 배분을 통해 제작기간을 6달로 단축하는 성과를 획득하였고, 실험결과를 바탕으로 학회발표의 기회도 얻게 되었습니다.

사례 2

갈등관계에 있거나 본인에게 불만이 있는 상대방을 설득하거나 불만을 해소한 경험에 대해 기술하시오.(500자)

(질문 의도)
향후 조직생활을 하며 예상치 못한 문제에 봉착했을 때, 어떻게 행동할 것인가를 과거의 유사상황을 통해 미래의 행동 짐작(갈등 문제)

〈부산교통공사/운영직 최종합격, P대/경영학과, OOO(여)〉

[Before]

'경청과 진실성 있는 태도로 팀워크를 도모하다'①

저는 조별과제에서 조장을 맡아 진행하면서 커뮤니케이션이 되지 않는 조원들에게 진실성 있게 다가가 원활한 팀워크를 도모한 경험이 있습니다. 당시 팀 구성이 저 혼자 타과생인 상황에서 제가 조장을 맡게 되었습니다. 그런데 조원들은 온라인에서 의사소통을 하지 않으려했고,② 이는 오프라인 조별 모임에서도 마찬가지였습니다. 처음에는 의욕만 앞서서 혼자서 대부분의 과제를 수행했었는데 10명이 다 같이 해야 되는 과제를 혼자서 하려다보니 얼마못가 지치고 말았습니다. 결국 저는 조원들에게 제 고충을 이야기하고 조원들 한명한명을 만나 사정을 들어보았습니다. 각자가 바쁜 상황을 이해해주면서도 책임감을 가질 수 있도록 설득하고 동기부여를 해주기 시작했습니다. 또한 각자의 역할을 분담하고 역할을 어떤 식으로 수행해갈지 가이드를 해주며 북돋아 주었습니다. 조원들도 의욕적인 저를 보고 그때서야 너무 미안해하며 활발하게 참여하면서 협조해주었습니다. 그 이후로는 매주 만나서 회의를 진행하고 화기애애하게 조별과제를 진행해갔습니다. 협조적이지 않은 팀원들을 설득하고 소통하여 250명을 대상으로 설문조사를 진행하는 등 과제를 성공적으로 마무리 할 수 있었습니다.③

【원고의 문제점과 개선 방향】

① '소제목'에도 무엇이 갈등이었는지 표현할 것.
② 오탈자, 띄어쓰기는 마지막으로 최종 점검 필수.
③ 한 문단이 너무 길게 작성되었으므로, 4~6줄마다 화제 전환 시점에서 줄 바꾸기, 들여쓰기를 실행할 것.

【문쌤이 콕 짚어주는 면접관이 읽고 싶은 자기소개서 작성법】

√ '소제목'에도 질문 항목에서 듣고 싶은 함축적인 의미를 다 담을 것!
√ 모든 경험 소재는 '소제목 + 요약 + START' 구성형식을 준수.
√ 오탈자, 띄어쓰기는 최종 점검이 필요.
√ 질문 항목에 걸맞은 나의 가장 적절한 소재인지 검토 필요.

[After]

'조원간 의사소통의 어려움을 경청과 진실성 있는 태도로 조원과 화합을 이루어 과제를 해결하다'

조별과제를 진행하면서 의사소통이 원활하지 못해서 역할 배분에 있어서의 갈등이 발생할 당시, 과제수행을 위한 필요성 등에 대해서 조원들을 진실성 있게 설득하고 역할 분담을 세분화하여 원활한 팀워크를 통해 성공적인 설문 조사 등을 하며 과제를 성공적으로 완수하였습니다.

조별과제 팀 구성원 중에서 저만이 타과 학생인 상황에서 제가 조장을 맡게 되었습니다. 조원들은 온라인 상으로는 의사소통을 하지 않으려 했고, 이는 오프라인 조별 모임에서도 마찬가지였습니다. 처음에는 의욕만 앞서서 혼자서 대부분의 과제를 수행해 보려 하였으나 조원 10명이 다 같이 해야 되는 과제를 혼자서 해결하려다 보니 얼마 가지 않아 지치고 말았습니다. 결국 저는 조원들에게 제 고충을 이야기하고 조원들 한 명 한 명을 만나 사정을 들어보았습니다. 각자의 바쁜 상황을 이해하면서도 책임감을 가질 수 있도록 설득하고 동기부여를 해주었습니다.

또한 조원 개개인의 시간과 능력에 맞게 역할을 분담하고, 역할을 가이드 해주며 책임감을 북돋아주었습니다. 조원들도 의욕적인 저를 보고 그때서야 너무 미안해하며 활발하게 참여하면서 협조해 주었습니다. 그 이후로는 매주 만나서 회의를 진행하고 화기애애하게 조별과제를 진행해 나갔습니다. 이처럼 경청과 진실성 있는 태도로 협조적이지 않은 팀원들을 설득하고 소통하여 교내 재학생 250명을 대상으로 과제수행에 필요한 설문 조사를 진행하며 과제를 성공적으로 마무리할 수 있었습니다.

성장 과정

['성장 과정' 작성을 위한 기본 구성]
'성장 과정'은 '삶에 대한 태도, 일관성, 지금의 나를 있게 한 것' 등을 듣고자 하는 것. 질문을 통해서 듣고 싶은 이야기 소재는 아래 3가지 중 나의 최적의 소재 1가지를 선택해서 작성하면 됨.

〈소재 1〉 업종, 회사, 직무를 선택하게 된 계기

〈소재 2〉 부모, 어른들로부터 받은 가르침, 영향

〈소재 3〉 나의 가치관, 생활방식, 규범, 원칙

[성장 과정 관련 질문]

※ 본인의 성장 과정을 간략히 기술하되 현재의 자신에게 가장 큰 영향을 끼친 사건, 인물 등을 포함하여 기술하시기 바랍니다. (※ 작품 속 가상인물도 가능) – 삼성전자

※ 〈My Future: 본인이 지원한 직무관련 향후 계획에 대하여 Guide〉
본인이 지원한 직무와 관련된 본인의 향후 미래 계획에 대해 구체적으로 기술해 주시기 바랍니다.(500자) – LG전자, LG화학

※ 성장 과정: 성장 과정을 구체적으로 기술해 주세요.(800자) – 롯데푸드

※ 사회활동: 학업 이외에 관심과 열정을 가지고 했던 다양한 경험 중 가장 기억에 남는 것을 구체적으로 기술해 주세요.(800자) – 롯데푸드

※ 살아오면서 본인이 새로운 아이디어를 제시하였던 경험을 그 결과(무엇이 어떻게 변화하였는지)와 함께 기술하시오.(600자 이내) – 대한항공

사례 1

example

본인의 성장 과정을 간략히 기술하되 현재의 자신에게 가장 큰 영향을 끼친 사건, 인물 등을 포함하여 기술하시기 바랍니다. (※ 작품 속 가상인물도 가능)

(질문 의도)
'삶에 대한 태도, 일관성, 지금의 나를 있게 한 것' 등을 알고자 하는 것

〈삼성전자/회로설계 최종합격, S대/전자정보공학, OOO(남)〉

[Before]

제게 가장 큰 영향을 주고 저를 가장 성장시킨 것은 복싱입니다. 체육관 활동을 하며 생긴 '책임감'과 '협동심'은 저의 중요한 가치관으로 자리 잡았습니다.

[복싱에서 배운 협동심과 책임감]①

②복싱에서 부상을 피하기 위해서는 화합과 소통은 필수입니다. 약 3년간 복싱을 하면서 항상 밝은 모습으로 소통하고, 인사하며 사람들과 지내는 법과 예의를 배울 수 있었습니다. 그리고 스파링을 할 때도 상대방을 배려하고 합심하며 협력하는 자세를 배웠습니다.

2017년 시대회를 준비하며 서로 격려하며 준비했던 경험이 기억에 남습니다. 한 달간 10kg의 체중감량과 매일 5시간의 고강도 훈

련으로 모두 지쳐 있었지만 서로 의지하면서 포기하고 싶던 순간을 이겨내 모두 목표한 메달권에 드는 성과를 냈습니다. 이를 통해 팀과 함께하면서도 자신의 할 일은 책임지고 최대의 성과를 내는 것이 진정한 협력이라고 느꼈습니다.

또한 관장님을 도와 코치로 관원들을 지도했던 적이 있습니다. 운동 중에 다른 관원들을 지도해주는 방식이어서 시간을 뺏긴다고 생각할 수 있었지만, 주어진 일인 만큼 책임감을 느끼고 임했습니다. 시간은 자율이었지만 가능한 제가 필요할 것 같은 관원이 많아 바쁜 시간에 가서 지도했습니다. 그 이후로 관장님과 신뢰를 쌓고 보수도 받을 수 있었습니다. 맡은 일에 책임을 지는 당연한 행동이 신뢰를 줄 수 있는 자세라는 것을 알 수 있었습니다. 운동을 통해 배울 수 있었던 이런 자세들은 실제 팀 프로젝트를 수행할 때도 큰 도움이 되었습니다.

[협동심과 책임감으로 만든 IoT제품]③

운동을 통해 배운 협동심과 책임감 덕분에 융합캡스톤디자인 과목에서 삼성ARTIK을 이용한 IoT제품을 만드는 프로젝트를 할 때 우수 팀으로 선발될 수 있었습니다.

ARTIK Board부터 ARTIK Cloud까지 연동해서 동작시키는 End to End Solution과제였습니다. Node-RED에서 TCP로 데이터를 전송할 때 동작을 하지 않는 문제가 발생했습니다. 저는 HW를 담당했지만 문제를 해결하기 위해 조사하며 시도한 끝에 MQTT로 바꿔 동작시킬 수 있었습니다. 뿐만 아니라 책임감을 느끼고 솔선수범하자 참여도가 낮았던 팀원의 참여를 끌어낼 수도 있었습니다.

프로젝트를 진행할 때도 협력과 책임감은 중요한 요소였습니다.

각자 맡은 역할이 있고 함께 학습한 내용을 공유하며 하나의 제품을 만들어 가는 과정에서 이런 요소들은 직접적인 영향을 줬습니다. 팀의 일이 자기 일이라는 생각으로 팀이 하나로 움직일 때 좋은 성과가 나온다고 생각합니다. 이런 자세로 해당 프로젝트에서 우수 팀으로 선발돼 교내 캡스톤 공모전에 출전할 수 있었습니다. 운동을 통해 배운 협동심과 소통으로 입사 후 팀원들과 원만한 관계를 유지하겠습니다. 그리고 협력과 소통을 토대로 프로젝트에서 좋은 성과를 이뤘듯이 협력이 필수적인 반도체 설계 업무에서 좋은 성과를 내서 삼성전자를 발전시키겠습니다.

【원고의 문제점과 개선 방향】

① 성장 과정의 첫 소재를 '복싱'이라는 주제로 전개했을 때, 이 글을 읽는 기업에게 주는 메시지가 없으므로 질문 항목과 연관성 있는 기업에서 듣고 싶은 소재로 변경! (지원직무와 연계성이 있는 소재로의 전개)

② 첫 문장을 시작할 때는 가독성이 좋도록 '들여쓰기' 하기.

③ 본 소재는 '성장 과정'에 기술하기 보다는 본인의 '직무수행 역량'을 강조한 역량의 소재로 활용하는 것이 더욱 좋음.

【문쌤이 콕 짚어주는 면접관이 읽고 싶은 자기소개서 작성법】

√ 성장 과정의 소재는 상기 3가지 소재 중에서 가장 듣고 싶은 소재는 '소재 1' 임. 단, 적합한 '소재 1'이 없을 경우에 '소재 2, 3' 선택.(상기 내용은 '소재 2 <대학 교수님>'로 구성)

√ 1,500자로 작성해야 하는 항목의 경우, 1가지 소재로 작성하기 힘들면 2가지 소재로 구성.(단, 작성한 소재의 작성 우선 순위는 좀 더 관련성이 높은 것을 우선 기술하고, 본인이 지원하는 지원직무와 연관성이 있는 Story로 구성)

[After]

'시스템 반도체 설계라는 목표를 안겨주신 교수님'

어린 시절 아버지로부터 들었던 '0/1'이라는 말씀과 대학 전공 교수님으로부터 배운 '시스템 반도체 설계'의 개념을 알고 난 이후, 여러 가지 과제수행을 통해 얻은 다양한 경험이 쌓여 '시스템 반도체 설계'라는 취업을 위한 진로 목표를 키워갈 수 있었습니다.

어릴 적부터 반도체관련 일을 하셨던 아버지로부터 들었던 반도체는 0/1로 무엇이든 만들 수 있는 마법 같았습니다. 이 점에 흥미를 느껴 전자공학에 진학을 결심했습니다. 입학 후 실험과목에서 FPGA를 구동하고 프로젝트를 진행하며 설계에 흥미를 키워왔습니다. 직접 프로그램이나 회로를 만들고 분석하여 원하는 결과를 얻는 점이 재미있었습니다. 이후 디지털 설계 시스템과 IT융합 입문과목을 강의하시는 교수님을 만나 '시스템 반도체를 설계'하겠다는 구체적인 목표를 갖게 되었습니다.

최근까지 현업에서 활동하셨던 교수님의 강의를 통해 이론 외에도 실제 업무 이야기도 들을 수 있었습니다. 시스템 반도체 설계는 단순히 HDL 코딩이 아닌, 설계하는 것에 대한 이해가 중요하다고 알려주셨습니다. 그 계기로 'IT융합 입문' 과목에서 배운 영상처리와 AI를 HDL로 구현해 보고 ModelSim으로 Simulation 해 보며 '시스템 반도체 설계'라는 목표를 향해 한발 한발 노력해 나갔습니다.

이후에도 교수님의 융합 캡스톤디자인 과목을 들으며 '삼성 ARTIK 기반 IoT설계 프로젝트'를 통해 EndtoEnd Solution을 경험해 보았습니다. 교수님께서는 입사만을 위한 공부가 아닌 입사 후 회사의 성장 방향을 고민하며 공부하라는 조언도 잊지 않으셨습니다.

'복싱을 통해 자리 잡은 협동심과 책임감이라는 생활습관'

저에게 가장 큰 영향을 주고 성장의 동력이 되었던 것은 '복싱'입니다. 체육관 활동을 하며 생긴 '협동심과 책임감'은 저의 중요한 생활습관으로 자리 잡았습니다.

복싱에서 부상을 피하기 위해서는 '협동심과 책임감'은 필수입니다. 약 3년간 복싱을 하면서 항상 밝은 모습으로 소통하고, 인사하며 사람들과 지내는 법과 예의를 배울 수 있었습니다. 그리고 스파링을 할 때도 상대방을 배려하고 합심하며 협력하는 자세를 배웠습니다.

'00년 시 대회를 앞두고 서로 격려하며 준비했던 경험이 있습니다. 한달 간 10kg의 체중 감량과 매일 5시간의 고강도 훈련으로 모두 지쳐 있었지만 서로 의지하면서 포기하고 싶던 순간을 이겨내 모두 목표한 메달권에 드는 성과를 이루어 냈습니다. 이를 통해 팀과 함께하면서도 '자신의 할 일은 책임지고 최대의 성과를 내는 것'이 진정한 협동심이라는 점을 배웠습니다.

또한 관장님을 도와 코치로 관원들을 지도했던 경험은 책임감을 함양하는데 큰 도움이 됐습니다. 운동 중에 다른 관원들을 지도해주는 일이다 보니 주어진 일인 만큼 책임감을 가지고 임했습니다. 시간은 자율이었지만 가능한 저의 도움을 필요로 하는 관원들을 위해 바쁜 시간을 쪼개가며 지도하였습니다. 맡은 일에 책임지는 당연한 행동이 신뢰를 줄 수 있다는 것을 알 수 있었습니다.

사례 2

그 동안 본인의 삶에 있어서 가장 기억에 남는 일들을 가급적 상세하게 적어주세요.(예 어떤 사건이 있었는데, 그 원인은 무엇이고 어떻게 진행되었으며 결과와 자신에게 어떤 변화가 있었는지)

(질문 의도)

'삶에 대한 태도, 일관성, 지금의 나를 있게 한 것' 등을 알고자 하는 것

〈넥슨/게임기획 최종합격, K대/수학과, OOO(남)〉

[Before]

여러 가지 경험을 했습니다. 그 경험들에 의해 제가 가는 길 그리고 앞으로 가는 길을 결정하는데 큰 영향을 받았는데 그 중에서 2가지를 뽑아보겠습니다.①

처음 이야기는 제가 대학 동아리에서 처음 게임을 만들었던 일입니다. 2007년 가을 아직은 1학년으로 겨우 학교에 적응할 시기에 게임 제작 동아리 '하제'에서 신입생들에게 임무가 주어졌습니다. 팀을 만들어 주고 게임 하나를 학기 중에 완성시키자는 목표로 하였습니다. 제가 있던 팀에서는 '카이스티안 메이커'를 만들기로 했습니다. 이 게임은 '프린세스 메이커'라는 유명한 육성 시뮬레이션 게임을 모방하여 카이스트 대학생활을 간접 체험과 캐릭터 육성의 재미를 주는 게임입니다. 우리 팀원 중 어느 누구도 아직까지

게임을 만들어 본 경험이 없었기 때문에 우선 게임을 만드는데 필요한 것부터 알아보았습니다. 프로그램 할 사람이 부족하여 일단 저는 프로그래밍을 하였는데 일단② 컨텐츠 파일을 읽고 쓰는 것부터 한글 출력하는 것까지 많이 막혔습니다.③ 그래서 선배의 도움을 받아 하나씩 하나씩 해결해 나갔습니다. 이것을 여차여차④ 해결한 후에는 동아리에 새로 사람이 들어와 그가 같이 참여하여 제 업무를 프로그래머에서 기획 컨텐츠 쪽으로 바꾸고 그가 프로그램 팀에 참여하였습니다. 이제부터는 기본적인 정리가 마무리되고 프로젝트가 잘 굴러갈 거라고 생각했습니다.⑤ 하지만 기획자 측에서는 원하는 것이 이런 것인데 프로그램 팀에서는 이런 것을 구현할 방법이나 방도를 몰라 이런 것을 구현하지 않고 그런 것을 구현한 것, 그리고 기획자가 만든 스크립트에서 오류가 있었지만 그것을 확인하지 못하고 게임에 넣어서 게임에 오류를 발생시켰으나 그것을 확인할 사람 혹은 방법이 없었던 것 등의 문제들이 곳곳에서 발생하였습니다. 이렇게 진행되다가 시간이 지나 프로젝트 기간이 지나면서 프로젝트는 끝이 났습니다. 우리가⑥ 만든 게임은 어딘가 엉성하고 버그도 많았습니다. 하지만 그래도 우리가 하나의 게임이라는 것을 완성시켰다는 점을 다행으로 여겼습니다. 비록 만들면서 여러 문제가 발생하여 서로에게 스트레스를 주기도 하고 우리가 완성한 게임이 볼품없었지만 제게 있어서는 게임을 만드는 것이 어떤 것인지 몰라 막연했던 마음을 게임을 만드는 것은 매우 매력적이라는 것을 알게 해 준 계기였습니다.

다음 이야기는 제가 군대 대체 복무를 마치고 창업을 준비하는 아는 형 밑에서 같이 일했던 일입니다. '00년년 여름 7월에서 8월까지 2달간 'Jump goox'라는 게임의 기획 관련 일을 도와주었습니다. 이 게임은 스테이지 방식 러너 게임을 지향하여 지금 현재 '꼬모:냥이 추적자 for kakao'라는 이름으로 올해 가을에 안드로이드로 출시되었습니다. 제가 일했던 당시에는 'Root93'이라는 회사 안에서 일을 하였습니다. 저는 'Jump goox' 개발자로 일을 하면서 'Root93'분들이 일하는 것을 겉에서⑦ 볼 수 있었습니다. 이 기간 동안에 일을 하면서 많은 것을 보고 느끼게 되었는데 일단 기획자로서 일한 것을 말하자면 제 점수는 꽝이었습니다. 러너 게임에 대한 지식 부족 및 경험 부족으로 물리 엔진의 물리 영역과 점프력 등 이러한 부분에서 애를 먹으며 이 부분은 항상 어색했으며, UI를 만드는 과정에서 UI를 어떻게 만들지 기획을 제가 하고 나서 그래픽에 넘겨주어야 했지만 그러지 못하고 그래픽 쪽에서 알아서 다른 게임 UI를 분석하고 스스로 UI를 만들었습니다.⑧ 이 외에도 기획자 일을 제대로 수행하지 못하여 애를 많이 먹었습니다. 이와는 별개로 'Root93'에서 일하지는 않았지만 그분들이 일하는 모습을 곁에서 볼 수 있었습니다. 그곳에서 본 기획자의 모습은 제 모습과는 반대였습니다. 그 중에서 인상 깊게 본 것은 업계 동향 파악을 한 문서였습니다. 작은 회사에서도 동향 파악을 이렇게까지 해야 되나 생각이 들어서 그 문서를 만드신 기획자 분에게 질문을 하였습니다. 답변으로 이렇게 작은 회사라도 이 정도로 파악을 하고 있는데 큰 회사의 전문 분석팀이 있는 경우에는 훨씬 자세하고 정확하게 분석을 한다 이 정도는 별거 아니라는 말을 들었습니다. 별거 없는 말이었지만 저는 그 말을 듣고 기획자가 알아야 할 지식이나 해야 할 부분은 다양하며 그 범위도 넓고 한계가 없다고 생각했습니다. 또한 아직 저는 우물 안의 개구리이고 다양한 경험과 다양한 지식을 쌓은 기획자가 되는 것은 참으로 멋지지 않을까 생각했습니다. 2개월 동안의 업무가 끝난 뒤에 저는 게임 개발자로서 그리고 기획자로서 부족했지만 기획자는 제가 생각하는 것보다 대단한 직업이라고 생각하게 되었습니다.
저는 이 2가지 경험을 통해서 게임을 만드는 일은 매력적인 일이며 기획자는 범위의 한계가 없는 멋진 직업이라 느꼈습니다.⑨

※ 종합적인 평가를 해보면, 전개된 이야기가 본인의 경험을 소개하는 자기소개서인데 긍정적이기 보다는 부정적인 표현이 많다 보니, 이 지원자를 '우리 회사에서 채용해야 하나' 하는 부정적인 느낌을 가질 수 있다

※ 자기소개서는 '나'의 이야기를 하는 것이다. 나의 긍정적인 이야기를 하기도 부족한데, 부정적인 이야기가 많은 자기소개서를 보는 기업 입장에서는 지원자를 긍정적으로 평가하기 어렵다!

※ 하나의 문단이 너무 길다 보면 읽는 사람 입장에서는 매우 지루하다. 4~6줄 내외 마다 화제가 전환되는 시점에서 줄을 바꿔 좀 더 가독성이 좋도록 구성하고자 했다.

【원고의 문제점과 개선 방향】

① 자기소개서 작성에 요구되는 말 표현 방식으로는 부적절.
② '군더더기' 같이 느껴질 수 있는 표현들은 지양.
③ 위 종합적인 평에서 이야기한 것처럼, 자신의 이야기를 쓴 것이니 가급적 같은 표현을 해도 부정적인 표현보다는 긍정적이고 밝고, 맑은 이미지를 느낄 수 있는 표현으로 전환 필요.
④ 자기소개서는 구체적인 이야기를 해야 하는데, '여차 여차' 식의 표현은 금물.
⑤ '잘 굴러갈 것이라고 생각했습니다' ➔ '~~~가 잘 운영될 것

이라고 예상했습니다' 같은 표현처럼 단어 하나 하나도 좀 더 정제된 표현을 사용해야 한다. 또한 '생각합니다'는 사용 금물! '~~~입니다. ~~~토록 하겠습니다' 식의 표현으로 순화 필요!

⑥ 우리→ 저희

⑦ 겉에서 볼 수 ~~~→주시해(또는, 관찰해) 볼 수 ~~~

⑧ 전형적인 자기 부정 표현 일색. 자신의 이야기이므로 좀 더 긍정적인 표현으로 전환 필요.

⑨ 자기소개서의 질문에서 듣고 싶은 이야기와 무관한 '마지막에 하는 자신의 의지표현'은 지양.

【문쌤이 콕 짚어주는 면접관이 읽고 싶은 자기소개서 작성법】

√ 자기소개서는 나의 이야기를 하는 것이므로, 전체적인 문장 표현을 '맑고, 밝고, 긍적적'인 표현으로 사용 필요.

√ 내가 작성한 자기소개서 내용의 가독성이 좋도록 하기 위해서는,

- 첫 문장 시작할 때는 '들여쓰기'
- 문단이 너무 길어질 경우, 4~6줄마다 화제 전환 시점에서 '줄 바꾸기'
- 특별히 강조하거나 드러내고 싶은 부분은 '굵은 글씨 또는 따옴표' 인용.

√ 사용하는 단어 하나라도 신경 써서 좀 더 세련되고 정제된 용어 사용.

√ '~~~생각합니다, ~~~ 일 것 같습니다' 등의 표현은 '~~~ 입니다, ~~~토록 하겠습니다'로 표현.

[After]

대학 시절 동안 다양한 게임을 개발했습니다. 교내 게임 제작 동아리인 '하제'에서 게임들을 제작했고 게임을 개발하는 스타트업 팀에 들어가 기획자로 일했습니다. 제가 가장 기억에 남는 일들은

첫째, 일을 하는 동안 게임 제작 과정을 배웠다는 점,

둘째, 게임 제작에 대한 강한 의지를 가졌다는 점,

셋째, 주도적으로 일을 하는 것을 배웠다는 점입니다.

[게임 제작의 첫 경험]

'00년 가을 학기는 1학년 초년생으로 겨우 학교에 적응할 시기였습니다. 동아리 '하제'에서 신입생들에게 게임을 완성하라는 임무가 주어졌습니다. 봄 학기에 선배님들에게 게임 제작 강연을 들었고 이제는 실전 경험을 해야 할 차례였습니다. 제가 속한 팀에서는 '카이스티안 메이커'를 만들기로 했습니다. 이 게임은 '프린세스 메이커'라는 유명한 육성 시뮬레이션 게임을 모방하여 교내 대학 생활의 간접 체험과 캐릭터 육성의 재미를 주는 게임입니다.

저는 프로그래머의 역할로 스크립트 읽기, 한글 폰트 출력을, 기획자의 역할로 스크립트 작성 및 수치 조정을 담당하였습니다. 제가 담당한 업무에 대해 모르는 것이 있으면 선배들에게 자문을 구해가며 제 일을 수행했습니다. 팀원 전부가 학기 시간 동안에 시간을 내어 자기 일을 마쳤고 결국 완성을 하였습니다. 저는 2가지 역할을 하면서 처음 게임을 만들었고 이를 계기로 게임을 만드는

방법에 대해 배웠으며 제작 과정을 이해할 수 있었습니다.

[게임 제작에 대한 강한 의지]

'00년 여름방학 동아리 내에서 '우리가 만들고 싶은 게임을 만들자'라는 목표로 팀을 구성하였습니다. 저희 팀은 모두가 RPG게임을 좋아해서 '유토피아 프로젝트'를 제작하기로 하였습니다. 이 게임은 리듬 액션 RPG로 필드를 돌아다니며 이동하다가 적을 만나 전투를 하게 되면 리듬에 맞추어 영창을 외워 적을 물리치고 계속 나아가는 게임입니다.

처음에 저는 메인 기획자로 일을 하였습니다. 하지만 여름방학 동안이라는 제한된 시간과 한정된 인원으로 RPG라는 게임을 만들기에는 부족한 부분이 많았습니다. 프로젝트 완성을 목표로 제가 할 수 있는 모든 일을 하였습니다. 프로그래머의 시간을 절약하기 위해서 전투 데미지 계산 및 AI 작성 일을 대신하였고 맵 아트 부분에서 맵을 그릴 사람이 없어서 3D툴을 이용하여 맵을 제작하였습니다.

저의 일이 늘어나는 것이었지만 게임을 완성하는 것이 우선이었기에 선택한 일이었습니다. 이러한 의지로 다른 팀원들과 합심하여 게임을 완성하였습니다. 이 경험을 통해 게임 제작과 완성에 대한 강한 의지를 갖게 되었습니다.

[주도적인 업무 시작]

'00년 7월~8월 2달간 'Jump goox'라는 게임을 만드는 스타트업 팀의 기획자로 일을 하였습니다. 이 게임은 스테이지 방식 러너 게임을 지향하여 지금 현재 '꼬모:냥이 추적자 for kakao'라는 이름으로 안드로이드로 출시되었습니다. 저에게는 주인공 캐릭터 특수 스킬 아이디어를 내는 업무가 내려졌습니다. 특수 스킬이 어떻게 정해지느냐에 따라 게임의 모습이 뒤바뀐다고 판단하였기에 이것을 혼자서 결정하는 것은 무리였습니다.

그래서 팀 회의를 주도하며 미리 생각해서 가져온 아이디어와 즉석에서 나온 아이디어를 모으고 다양한 아이디어에 점수를 부여하였습니다. 그 점수를 토대로 각각의 아이디어에 팀 전체가 토론하며 생각들을 공유했습니다. 이렇게 공유된 아이디어는 팀원의 생각을 하나로 모을 수 있었고 앞으로 저희 게임이 어떤 방향을 지향해야 할지 서로 확인할 수 있었습니다. 회의를 진행하면서 주도적으로 일을 한다는 것이 무엇인지 알게 되었고 주도적으로 일을 하는 것이 팀에게 긍정적인 효과를 준다는 것을 확인하였습니다.

성격의 장·단점

['성격의 장 · 단점' 작성을 위한 기본 구성]

'성격의 장 · 단점'은 지원자의 '업무상 강점'을 알고 싶은 질문이다. 글자수에 여유가 있다면 '장점'은 좋은 점을 기술하는 것이므로 2~3개를, '단점'은 나쁜 점을 기술하는 것이므로 단점이라는 부정적인 의미보다는 '반면에'라는 표현으로 1개만 기술하도록 한다.(자기소개서에서 '몇 개씩'이라고 지정해 주지 않는 경우…)

저는 (장점 1) 합니다.
(그러함을 입증할 수 있는 본인사례/경험)
또한 (장점 2) 합니다.
(그러함을 입증할 수 있는 본인사례/경험)
반면에 저는 ~~~한 면을 가지고 있습니다. 이를 보완하기 위해서 지금도 ~~~한 노력을 기울이고 있습니다

[성격의 장 · 단점 관련 질문]

※ 지원하는 직무에 필요한 역량은 무엇이며, 직무를 수행함에 있어 자신의 강점과 약점에 대해 기술해 주십시오.(800자) – 현대자동차

※ 〈My Story: 본인이 이룬 가장 큰 성취경험과 실패경험에 대하여 Guide〉
본인의 인생에서 가장 큰 성취의 경험과 실패의 경험을 적고, 그 경험을 통하여 본인이 느끼고 배운 점에 대하여 자유롭게 기술해 주시기 바랍니다.(핵심 위주로 근거에 기반하여 간략하게 기술 부탁드립니다.)(500자)
– LG전자, LG화학

사례 1

본인에게 있어서 절제가 잘 되지 않는 점이 무엇인지 기술하고, 과거에 이를 위해서 어떤 대비책을 발휘하였는지 작성해 주십시오.

(질문 의도)
지원자의 부정적인 면을 관찰해 봄으로써 조직생활에서의 저해요인 유무 파악

〈한국농수산식품유통공사/행정 최종합격, P대/무역학과, OOO(여)〉

[Before]

1. 절제가 어려운 점: '주마가편'
 업무수행에 있어 완벽성을 추구하여 제 기준에 부합하지 않을 시 자신이나 타인에게 '칭찬' 보단① '쓴소리'를 하는 편이었습니다. 그러나 조직 활동을 통해 과도한 완벽성 추구는 오히려 저와 조직의 발전에 도움이 되지 않음을 깨닫고, 이를 개선하기 위해 노력하였습니다.
2. 대비책 : 새로운 시각과 긍정적 마인드
먼저, 제① 생각과 다르게 벌어지는 일이나 상대의 행동을 이해해 보기 위해 팀원들의 성향과 행동을 분석하였습니다. 성격, 기호, 개인의 목표 등 일정에서뿐만② 아니라 일상에서도 교류하며 상대를 이해하고자 노력했습니다.

또한, 어려움 극복을 통해 더 나은 결과를 얻을 수 있을 것이란①
긍정 마인드를 갖고자 노력했습니다. 성과평가에 있어 뛰어난 점을 먼저 인정한 뒤 부족한 점에 대한 보완을 권유하는 형식으로 화법을 바꿨으며, 힘든 상황에서도 '최선'의 선택이 이뤄지도록 모두를 격려하였습니다.

이러한 과정을 통해, 저는 저의 강점이자 약점이었던 부분을 개발하여 이를 또 다른 성장을 위한 기회로 활용할 수 있었고, 더욱 유연하고 추진력 있게 업무 수행을 할 수 있는 또 다른 역량을 얻을 수 있었습니다.

※ 위 학생의 경우, '입사지원서류 작성법'에 대한 사전 교육이수를 통해 자기소개서를 어떻게 작성해야 한다는 나름의 정확한 기준을 가지고 작성하다 보니 전체적인 맥락에 대해서는 크게 손볼 일이 없었음을 미리 밝혀 둡니다.

【원고의 문제점과 개선 방향】

① 단어 표현 방법을 줄임말보다는 늘림말로 표현하는 것이 더욱 부드러움(보단 ➜ 보다는, 제 ➜ 저의, ~~~란 ➜ ~~~라는)
② 띄어쓰기, 오탈자 마지막까지 점검!

【문쌤이 콕 짚어주는 면접관이 읽고 싶은 자기소개서 작성법】

- √ 지원자의 부정적인 면을 알아보고자 하는 질문의 경우라도 너무 자신의 치명적인 단점을 드러내는 표현은 지양.
- √ 단어 사용은 가급적 줄임말보다 늘림말을 사용.
- √ 마지막까지, 오탈자와 띄어쓰기 등은 최종 점검!!!

[After]

[절제가 어려운 점] '주마가편'

업무수행에 있어서 완벽성을 추구하다 보니, 제 기준에 부합하지 않을 경우에는 자신이나 타인에게 '칭찬'보다는 '쓴 소리'를 하는 면이 있습니다. 그러나 조직활동을 통해 과도한 완벽성 추구는 오히려 저와 조직의 발전에 도움이 되지 않음을 깨닫고, 이를 개선하기 위해 노력하였습니다.

[대비책] '새로운 시각과 긍정적 마인드'

저의 생각과 다르게 진행되거나 전개되는 일이나 상대의 행동을 이해하기 위해서 팀원들의 성향과 행동을 관찰하였습니다. 성격, 기호, 개인의 목표 등 일정에서뿐만 아니라 일상에서도 교류하며 상대를 이해하고자 노력했습니다.

또한, 어려움 극복을 통해 더 나은 결과를 얻을 수 있을 것이라는 긍정 마인드를 가지고자 노력하였습니다. 성과평가에 있어서 뛰어난 점을 먼저 인정한 뒤 부족한 점에 대한 보완을 권유하는 식으로 화법을 바꿨고, 힘든 상황에서도 '최선'의 선택이 이루어지도록 모두를 격려하였습니다.

이러한 과정을 통해, 저의 강점이자 보완점이었던 부분에 대한 노력을 통해서 또 다른 성장을 위한 기회로 활용할 수 있었고, 더욱 유연하고 추진력 있게 업무수행을 할 수 있는 또 다른 역량을 얻을 수 있었습니다.

사례 2

exam-ple

자신의 성격 중 가장 자랑하고 싶은 점과 바꾸고 싶은 점들을 그 이유와 함께 적어주세요.

(질문 의도)
지원자의 업무상 강점과 부족한 점을 직접 확인함으로써, 지원직무를 잘 수행할 수 있을지의 여부 파악

〈넥슨/게임기획 최종합격, K대/수학과, OOO(남)〉

[Before]

제가 가진 장점과 단점은 매우 많습니다. 그 중에서 특별히 자랑하고 싶은 점 3가지와 바꾸고 싶은 점 2가지를 고르면 다음과 같습니다.①
제가 자랑하고 싶은 점 중에서 첫 번째는 수학입니다.② 저는 수학을 오랜 기간 동안 공부해 왔습니다. 중고등학교 때는 경시대회 준비로 공부를 해서 상을 받을 정도로 열심히 하였고 대학에 와서도 전공을 수학으로 선택하여 오랜 기간 수학하였습니다. 그렇기에 주변에서 수학에 대해 모르는 것을 제게 물어보면 답변해 주기도 하고 다른 사람들에게 수학적 지식을 뽐내기도 하였습니다. 그래서 수학에 대해서는 확실한 자신감을 가지고 있으며, 숫자에 대한 감각이나 이와 관련된 일을 하는데 있어서 큰 도움이 될 것입니다.

두 번째로 제가 자랑하고 싶은 점은 프로그램 코딩 능력입니다. 전산과를 나오지 않아 프로그래밍 관련 지식이나 긴 코딩을 한 경험이 없지만 간단한 프로그램을 만들어본 경험이 있습니다.③ 동아리에서 간혹 프로그래머가 너무 바쁘거나 할 때는 제가 일부분 코딩을 도와주거나 프로그래머 없을 때에는 제가 직접 프로토타입을 제작하기도 하였습니다. 이런 능력은 제가 게임을 만드는데 큰 힘이 되었으며 앞으로도 큰 도움이 될 것입니다. 마지막으로 제가 자랑하고 싶은 점은 적극성입니다. 제가 가지고 있는 일화 중 하나를 소개하겠습니다.④ 제가 고양시 차량등록사업소에서 공익근무요원으로 일했을 때입니다. 저는 취득세 부서에서 민원 업무를 담당했습니다. 민원 업무를 담당하다 보면 다양한 사람들을 많이 보게 되는데 제 업무와 관련되지 않은 분들이 오시거나 또는 자신이 어떤 부서에 가야 하는지 모르는 분들을 보게 됩니다. 저는 호기심이 많아 주변에 저와 관련된 것이든 관련되지 않은 것이든 궁금한 것은 뭐든지 알아보러 다녔는데 차를 등록하는 것부터 시작하여 변경, 폐차, 보험 등 다양하게 알아보았습니다. 하루는 이런 일이 있었습니다.④ 한 민원이 주사님 (대부분의 6급 이하 공무원 분들을 주사님이라 부릅니다.)④ 과 실랑이를 벌이고 있었습니다. 그 민원은 차를 폐차시켰는데 계속 자동차세가 부과되어 구청에 전화를 했는데 차량등록사업소로 오라고 들어서 왔다고 했습니다. 하지만 자동차세와 관련된 업무는 구청에서 하는 업무이기 때문에 제가 속한 부서에서는 처리하지 않는 일입니다. 그 실랑이를 지켜보고 있는 동안에 폐차와 관련된 업무에서 차를 폐차하였지만 아직 자동차 원부상에 차가 사라지지 않은 경우에 자동차세가 계속 부과된다는 사실을 기억해 냈습니다. 즉, 그분은 자동차 원부를 말소시키려고 이곳에 오신 분입니다. 제가 그것을 알아차리고 그 분은 자신이 해야 할 일을 마치시고 가셨습니다. 하지만 제가 다른 부서에서 하는 일을 보지 않았다면 혹은 알아차리지 못했다면 그 분은 분명 다시 구청으로 가서 다투시고 다시 이곳으로 와서 차를 말소하려 했을 것입니다. 여기서 일 했던 것 이외에도 대학 때 하던 게임제작동아리 '하제'에서 2009년도 회장을 맡기도 하며 적극적으로 활동하여 동아리 일에 앞장섰습니다.⑤ 이러한 적극성은 제가 가진 가장 큰 무기입니다.

제가 바꾸고 싶은 점 중에서 첫 번째는 편향된 사고방식⑥입니다. 여태까지 과학고와 공대를 나오며 이공계 공부를 집중적으로 해왔고 관심사도 이런 쪽으로 치우쳐 있습니다. 즉, 인문계 관련 지식이나 경험이 다소 부족합니다. 이제는 학교를 떠나 이제부터는 이공계 공부로부터 자유롭기 때문에 다양한 종류의 경험을 쌓으며 한쪽으로 치우치지 않는 그런 사람이 되고자 합니다. 두 번째로 바꾸고 싶은 점은 게임의 편식⑦입니다. 제 반응속도는 느리고, 깜짝 놀라는 것에 겁을 많이 먹으며, 타이밍 맞추는 것을 잘 하지 못합니다. 그래서 액션, FPS, RTS, 스포츠 게임 그리고 어려운 컨트롤을 요하는 게임들을 잘 못 합니다. 그래서 이런 종류의 게임들은 즐기지 못하고 주로 RPG나 턴제 게임을 주로 합니다. 이런 편식은 다채로운 생각을 하는데 제한이 되기에 앞으로는 잘 못하더라도 연습해서 편식을 줄이고 싶습니다.

여태까지 제가 자랑하고 싶은 점 3가지와 바꾸고 싶은 점 2가지를 소개하였습니다. 앞에 말한 3가지는 제가 가진 장점으로 일을 할 때 큰 도움이 될 것이고, 뒤에 말한 2가지는 제가 가진 단점으로 고쳐나가 스스로를 더욱더 발전시키고 싶습니다.⑧

【원고의 문제점과 개선 방향】

① '단점'을 많이 표현할 이유는 없다. 그리고 자기소개서 작성에 있어서 이러한 표현 방식은 지양할 것.

예 저는 3가지의 장점(수학적 논리력, 프로그램 코딩능력, 적극성)과 1가지의 보완점(게임시장에 대한 좁은 안목)이 있습니다.

② 장점(수학)을 강조한 이후, 입증 경험사례 작성은 줄을 바꾸어 작성해 가독성을 높일 것.

③ 전산과를 나오지 않았다는 것을 굳이 표현해야 할 필요는 없다.(문구 생략)

④ 불필요한 문구이므로 생략.

⑤ '적극성'에 대한 경험사례는 1가지면 충분하므로 문구 생략.

⑥ 본인의 단점을 너무 치명적으로 느낄 수 있는 식의 표현은 자제할 것.

⑦ '게임의 편식'이라는 표현이 ⑥과 같이 치명적인 단점으로 오해될 수 있음. 오히려 '게임의 편식'이라는 표현보다는 지원자의 직무수행 역량이 'RPG나 턴제게임' 분야에 더욱 강점이 있음을 강조하는 것이 더 좋음.

⑧ 자기소개서 마지막에 기술하는 특별한 의미가 담긴 본인의 의지 표현은 자기소개서에는 별 의미가 없으므로 생략.

【문쌤이 콕 짚어주는 면접관이 읽고 싶은 자기소개서 작성법】

√ 작성하는 글자수에 문제없다면, 본인의 장점은 2~3개, 단점은 '단점'이라는 표현 대신 '반면에~~~'라는 식의 표현을 사용하면서 1개만 작성.

√ 단점을 너무 치명적으로 느낄 수 있는 표현은 지양.

√ 나의 자기소개서를 읽는 사람(채용담당, 인성면접관) 입장에서 읽기 편하도록 나의 자기소개서의 '가독성'을 고려해서 작성.

√ 마지막에 질문의 내용과 무관한 '본인의 의지'를 표현하는 문구 사용은 지양.

[After]

저만의 자랑하고 싶은 점은, '수학적 사고, 프로그래밍 역량, 적극성 및 원만한 인간관계'를, 바꾸고 싶은 점으로는, '게임시장을 보는 안목'이 부족한 면이 있습니다.

〈장점 1: 수학적 사고〉

저는 뛰어난 '수학적 사고'를 가지고 있습니다. 중고등학교 때 수학경시 공부를 하며 수학문제 해결을 위한 접근 방법을 터득했으며 대학교 전공도 수학과를 선택하여 수학에 대한 지식을 쌓고 사고력을 길렀습니다.

제 친구가 '폴더'라는 게임을 개발할 당시, ('폴더'는 스테이지식 퍼즐 액션 플랫폼 게임으로 '00년도 인디게임 공모전에서 은상, 기획 부분 대상을 받은 게임으로 언제 어디에서든 일정 부분의 지형을 반대편으로 접어 주인공이 원하는 곳에 도달하게 하는 게임입니다) 지형을 반대편으로 접는다는 것을 이용하기 때문에 이와 관련된 수학적 지식 및 사고가 필요했습니다. 그래서 저는 친구에게 수학적인 부분에 대해 조언해 주었고, 제 지식을 공유해 주었습니다. 저의 수학 지식과 사고는 친구가 게임 개발하는데 도움이 되었습니다. 저의 수학적 사고는 남을 도와줄 수 있을 정도로 남다른 면이 있습니다.

〈장점 2: 프로그래밍 역량〉

제가 제작했던 게임인 '카이스티안 메이커, 유토피아 프로젝트, 롤링다람' 등의 프로젝트가 진행될 때마다 항상 프로그래밍 업무량이 많았습니다. 그래서 프로그래밍 전체 업무량을 줄여 보고자 많은 부분의 프로그래밍을 제가 담당하였고, 그로 인해 타인에게 다른 역할을 효율적으로 배분하여 수개의 프로젝트를 원활하게 진행할 수 있었습니다. 저의 프로그래밍 능력은 타인의 업무를 감소시켜 줄 수 있을 정도의 소화능력을 갖추고 있습니다.

〈장점 3: 적극성 및 원만한 인간관계〉

저는 적극적이며 인간관계가 원만합니다. 대학교 1, 2학년 동안 동아리 활동을 활발하게 하였습니다. 동아리 행사가 생길 때마다 가장 먼저 달려가서 행사 준비를 도왔고, 여러 분쟁이 발생하면

대화를 통해 해결하였습니다. 이런 행동들은 사람들로부터 지지를 얻어 동아리에서 회장까지 하였습니다. 저는 동아리에서 회장을 맡을 정도로 적극적이고 인간관계가 원만한 사람입니다.

〈보완점: 시장을 보는 안목〉

반면에 '게임 전체시장을 볼 줄 아는 안목'이 부족한 면이 있습니다. 기획자는 게임을 즐기는 사람들이 무엇을 원하고 무엇을 필요로 하고 무엇을 싫어하는지 알아야 합니다. 그래야만 고객이 원하는 게임을 만들 수 있습니다. 저는 시장을 보는 안목을 키우기 위해 게임업계와 관련된 신문 기사나 자료 등을 자주 읽고, 스크랩을 하고 있습니다. 향후에는 한국뿐만 아니라 일본, 미국, 중국 등 다른 나라의 게임시장 상황도 같이 파악하여 세계 게임시장을 볼 줄 아는 안목을 넓히도록 하겠습니다.

본인 주장

['본인 주장'의 내용 작성을 위한 기본 구성]

본인의 주장을 물어보는 유형은 다양하다. 그러나 어떤 유형이든지 다음의 원칙을 가지고 작성하면 크게 문제없을 것이다.

'저의 (주장을 듣고 싶은 내용)은 (~~~)입니다. 왜냐하면 (~~~)이기 때문입니다'

(이하, 본인이 그러함을 입증할 수 있는 경험사례 제시)

〈예시〉

1. 직업 선택 기준

   저의 직업 선택 기준은 (　　　) 입니다. 왜냐하면 ~~~이기 때문입니다.

   이하, 본인이 그러함을 입증할 수 있는 경험사례 제시.

2. 인생 가치관

   저만의 인생 가치관은 (　　　) 입니다. 왜냐하면 ~~~이기 때문입니다.

   이하, 본인이 그러함을 입증할 수 있는 경험사례 제시.

3. 삶의 가치

   저의 삶에서 가장 중요하게 여기는 가치는 (　　　) 입니다. 왜냐하면 ~~~이기 때문입니다.

   이하, 본인이 그러함을 입증할 수 있는 경험사례 제시.

4. 인재상

   OOO공사의 인재상 중에서 가장 부합하는 것은 (　　　) 입니다. 왜냐하면 ~~~이기 때문입니다.

   이하, 본인이 그러함을 입증할 수 있는 경험사례 제시.

사례 1

exam-ple

지금까지 살아오면서 반드시 지켜가고자 했던 도덕기준은 무엇이며, 이를 어떻게 지켜가고자 했는지, 어떤 상황에서 가장 힘들었는지 기술해 주시기 바랍니다.

(질문 의도)
지원자만이 가지고 있는 원칙, 규범, 가치관 등의 파악을 통해 조직생활을 함에 있어서 특별한 문제점이 있을지에 대한 여부 파악

〈한국관광공사/중국팀 최종합격, P대/심리학과, OOO(여)〉

[Before]

'易地思之(역지사지)'

①다른 사람의 입장에서 생각해보기'는 제 삶의 균형을 잡아주는 기준입니다. 세상의 다양한 사람들과 더불어 살아가는데 있어서 '역지사지'는 나②와 다른 사람을 틀렸다고 하지 않으며, 잘못에 대한 시시비비를 논할 때, 탓하지 않고 서로가 놓친 부분들을 되돌아볼 수 있게 해준다고 생각합니다.③ 이를 기준으로 사는 삶은 저에게 타인을 더 잘 이해할 수 있고 다양한 사람들과 폭 넓게 교류할 수 있도록 해주었습니다. 즉, 사람을 미워하지 않게 해줍니다. 그렇지만 상대방이 나를 미워한다는 이야기를 다른 친구, 제3의 인물에게 들었을 때, 그 순간에 억울하고 화도 나지만 한편으로 그러

한 상황에서도 나를 미워한다는 상대방이 왜 그러했는지 이해하려고 하며 자신보다 타인을 생각하고 있을 때, '나'라는 자신이 흔들리는 것을 느꼈을 때가 가장 힘든 순간이었습니다. 그렇기에 이러한 일을 겪기 전에는 '역지사지'가 좌우명이기도 했으나 좌우명이라는 무거운 의무를 놓아두고 스스로를 돌아보면서 삶을 바라보는 하나의 방법과 방향으로 삼았습니다. 그리고 그러한 과정에서 나를 돌봄과 타인을 이해하는 균형이 생기면서 그 방향을 지켜나갈 수 있었습니다.

【원고의 문제점과 개선 방향】

① 첫 문장 시작할 때는 '들여쓰기' 실천할 것.
② '나' → '저'(만약 따옴표 내에서 자신을 지칭할 때는 '나'로 표현하지만, 따옴표가 없는 경우는 '저'로 겸양어를 사용할 것.
③ '생각합니다'라는 의미는 본인 스스로도 확신이 없음을 드러내는 표현이므로 지양해야 할 표현.('~~~입니다, ~~~토록 하겠습니다' 식의 표현 사용)

'되돌아볼 수 있게 해준다고 생각합니다' → '되돌아볼 수 있었습니다'

【문쌤이 콕 짚어주는 면접관이 읽고 싶은 자기소개서 작성법】

√ 지원자의 생각만으로 자기소개서 내용을 구성하면 본인이 실제로 그러한지를 알 수가 없으므로 본의의 경험사례를 후술하도록 할 것.

√ 하나의 문단을 너무 길지 않게 작성. (4~6줄마다 줄 바꾸기 하기!)

[After]

'쉽게 판단하지 않고, 쉽게 말하지 않기!'

'나 자신에게도, 타인에게도 쉽게 판단하지 않고, 쉽게 말하지 않겠다는 것'은 저의 도덕기준이자 원칙입니다. 왜냐하면 삶의 주체인 저의 경험들을 기준으로 스스로의 삶을 단정 짓기 쉽고, 그 기준으로 나와 다른 사람을 틀렸다고 쉽게 정의할 수 있기 때문입니다.

저만의 원칙을 지키기 위해 부단히 노력합니다.

첫째, 자신의 결정을 되돌아 봅니다.

저의 생각이 정답일 것이라 단정 짓지 않으며, 간과한 것은 없는지 속단하지 않고 살펴보고자 노력합니다.

둘째, 다른 사람의 입장이 되어서 생각해 봅니다. (역지사지)

이는 제 자신의 생각과 결정을 되돌아 볼 수 있게 해주기도 하며, 상대를 쉽게 판단하고 그 판단을 함부로 이야기 하지 않도록 도와주었습니다.

제가 인터넷과 SNS를 이용하면서 밑에 달린 수많은 댓글을 읽을 때면 그 댓글들로 인해 제가 상처와 충격을 받는 상황이 많이 찾아왔습니다. 걱정하던 문제들에 대해 극단적인 댓글로 불안과 공포를 조장하는 사람들, 다른 사람의 잘못에 너무 쉽게 욕하고 용서하지 못하는 사람들을 볼 때면, 제가 상처를 받고 그간의 저의 노력들이 무의미해지는 공허한 감정을 느끼게 되었습니다.

그렇지만 이런 순간을 극복할 수 있었던 것은 인터넷 공간이 아닌 실제 삶에서 가까운 사람들의 위로와 그 위로 속에 담긴 말에 제가 생각하지 못했던 내용을 통해 다시 제 도덕기준을 깨우치는 순간들이 있었기 때문입니다. 그 순간들이 있었기 때문에 제가 다시 회복하고 저만의 원칙을 지켜가고 있습니다.

example

사례 2

부산교통공사 비전인 '안전/편리/품격의 선진 도시철도' 중 '안전, 편리, 품격'의 3가지 가치 중 하나를 선택하여 그 가치를 실현할 수 있는 방법과 그 과정 속에서 본인의 역할에 대해 기술하시오.(500자)

(질문 의도)
지원자가 부산교통공사에 대해 알고 있는 바가 얼마나 되는지를 파악(지원회사에 대한 애정도, 관심도)

〈부산교통공사/운영직 최종합격, P대/경영학과, OOO(여)〉

[Before]

①부산교통공사의 가치 중 편리를 실현하기 위해서는 한 발 앞서 고객에게 필요한 서비스를 제공하는 적극성이 필요합니다. 이를 위해 고객 데이터를 분석해 고객의 필요를 정확히 이해하여 고객 맞춤 서비스를 기획하여야 합니다. 고객과 직접 소통할 수 있는 역무원 직무를 수행하면서 고객의 불만 사항을 파악하고 역내 근무를 수행하면서 고객에게 더 편의를 제공할 수 있는 부분이 없는지 탐색하겠습니다. 또한 홈페이지에 제시되는 고객들의 의견과 불만사항, 민원 등 고객 데이터를 분석하여 고객의 니즈를 분석하겠습니다.② 또한 자주 접수되는 불만사항에 대해 빠르게 대응하기 위해 더 나은 대응 메뉴얼을③ 기획하겠습니다.

【원고의 문제점과 개선 방향】

① 첫 문장 시작 시, '들여쓰기' 실천할 것.
② '오탈자'는 마지막까지 점검 필수!
③ 기업마다 최적의 업무 메뉴얼은 어디든 존재하므로, '메뉴얼' 이라는 말은 지양할 것.

【문쌤이 콕 짚어주는 면접관이 읽고 싶은 자기소개서 작성법】

√ 하나의 문단이 길면 4~6줄마다 화제 전환 시점에서 줄 바꾸기, 특별히 강조하고자 하는 부분이 있으면 굵은 글씨 또는 따옴표로 인용.

√ 회사에 대한 이야기를 하더라도 머릿속에서 상상으로의 이야기가 아니라 실제로 지원회사에 대한 상황을 제대로 직시하고 현실적인 이야기를 해야 함. 그러기 위해서는 회사에 대한 다양한 상황 파악 노력이 필수!

[After]

부산교통공사의 가치 중 도시철도 이용 고객의 '편리'를 위한 노력에 좀 더 집중하겠습니다. 왜냐하면 고객의 불편사항에 대해 고객이 요구하기 전에 한 발 앞서 고객에게 필요한 서비스를 제공하는 적극성이 필요하기 때문입니다. 이를 위해서,

첫째, 역별 맞춤 고객서비스 제공을 위해 많은 아이디어 발굴 노력을 하겠습니다.

고객과 직접 소통할 수 있는 역무원 직무를 수행하면서 고객의 불만 사항을 파악하고 해당 역에서 고객에게 더 편의를 제공할 수 있는 부분이 없는지 탐색하겠습니다.

둘째, 비상대응 역량을 강화하겠습니다.

역내 근무를 하면서 겪는 이례적 상황들을 체크하여 그에 대한 효과적인 대응 방안을 강구하겠습니다.

셋째, 역무 업무 프로세스를 개선하겠습니다.

고객에게 더 신속하고 나은 서비스를 제공하기 위해 역무 업무를 처리하면서 시간을 단축시킬 수 있는 부분, 역무 서비스 품질을 향상시킬 수 있는 부분을 탐색하여 역무 업무 프로세스 개선안을 고안하겠습니다.

다중 질문

['다중 질문'의 내용 작성을 위한 기본 구성]
'다중 질문'의 의미는, 기업마다 하나의 자기소개서에서 '듣고 싶은 이야기가 한 개 이상을 요구하는 경우'를 말한다. 따라서 지원회사의 자기소개서에 '다중 질문'에 대한 답변을 듣기를 원한다면 듣고 싶은 내용별로 구분해서 작성하면 된다.

[다중 질문 관련 질문]

※ 본인이 직장을 선택할 때의 기준을 명시하고, 대한항공을 선택하게 된 사유에 대하여 기술하시오.(600자 이내) – 대한항공

※ 함께 일하고 싶은 유형과 함께 일하기 싫은 유형을 기술하고, 그 두 유형의 사람들과 협력하여 공동의 목표를 달성하기 위한 방안을 기술하시오.(600자 이내) – 대한항공

※ 전문성: 지원분야 수행업무와 관련된 귀하의 경험 또는 경력을 기술하고, 현업에서의 활용방안에 대한 본인의 생각을 기술하여 주십시오.
– 한국전력공사

사례 1

example

생활신조 및 본인의 장·단점(2가지씩)

(질문 의도)
지원자만이 가지고 있는 원칙, 규범, 가치관 등의 파악과 업무상 강점으로 발휘될 수 있는 역량이 무엇인지 파악

〈카버코리아/용기디자인 최종합격, H대/디자인학과, OOO(여)]

[Before]

[생활신조]
저는 "관찰하고 경험하고 저장하라"는 생활신조를 좌우명으로 살아가고 있습니다.
사람을 관찰하고 경험하는 것만큼 소비자를 이해하는 방법은 없다고 생각하기 때문에 저의 뮤즈는 사람의 경험입니다. 저는 인턴 당시 새로운 제품 개발을 위해 시장조사를 할 기회가 많았습니다. 지속해서 시장조사를 보며 제품을 구매하여 보는 것보다 왜 사람들이 이 제품을 구매하게 되는 것일까 라는② 궁금증이 생겼고, 저는 직원에게 들은 인기 있는 제품들을 소비자들이 보고 만지고 경험하는 것을 가만히 관찰하였습니다. 다양한 소비자들은 같은 섀도우를 사용하더라도 손등에 바르고, 눈에 발라보고, 자신이 가지

고 있는 새도우 색과 비교하는 등 정말 다양한 방법으로 자신만의 경험을 하고 있음을 알 수 있었습니다. 느낀 것을 메모에 적어 놓고 왜 사람들이 왜 제품을 그렇게 경험해 보는가에 대한 질문을 다시 하였고 저는 사용자에 대한 많은 이해를 할 수 있었습니다. 경험을 바탕으로 한 이해는 저의 새로운 제품에 대한 상상력의 방아쇠가 되었습니다.

[지원자의 장단점]
저의 장점은,
첫째, 일에 있어 소명의식을 다하는 직업인입니다.
회사 업무를 하다보면 뜻하지 않게 일정조율이 잘되지③ 않아 급하게 업무가 넘어오는 경우가 있습니다. 저는 회사 업무중 2틀 안에 화장품 사용법 일러스트를 그려야하 하는 일을 받았고 인수인계를 받아 작업을 돌입하기 시작했습니다. 디지털 일러스트 작업은 디지털 시각 전공을 한 저에게도 생소한 영역이지만 단기간 안에 작업을 끝내기 위해 탄탄한 작업 과정을 세우고 가장 먼저 기존에 사용된 일러스트를 모두 확인하여 통일된 스타일로 많은 일러스트를 참고하여 작업을 진행하였습니다. 단기간에 높은 집중력을 요구하는 작업이였고② 제 일러스트에 대해 주변 전문가 분들에게 피드백을 구했고 부족한 경험을 채우기 위해 제가 가진 모든 시간을 사용하였습니다. 저는 높은 업무 강도에 도 불구하고 제가 처음해보는 일에 대해 도전하는것에③ 대한 즐거움과 제 시간안에 끝내겠다는 책임감으로 최선을 다했고 완성도 있는 작업으로 마무리하였습니다.최선을③ 다한 작업은 2년이 지난 현재 까지도 일러스트는 한율 홈페이지에 사용되고 있는 스스로 만족할 수있는③ 일이였습니다.
둘째, 배움을 멈추지 않고 배움을 스펀지처럼 흡수하는 사람입니다.
학교시절 저는 가장 적은 양의 각목만을 이용하여 편안한 의자를 만드는 주제로 총 5주에 걸쳐 한주에 의자 한개를 제작하였습니다. 나무 가공을 해본적③없는 저는 먼저 각목을 어떤 방식으로 가공 할수있는지③ 조사 해보았고 10가지 정도 되는 방법을 직접 나무에 실험해 보며 나무 가공법을 익혔습니다. 처음 시작 당시에는 각목을 반으로 쪼개어 볼 생각을 하지 못하고 정말 필요하지 않은 부분만 제거하여 의자를 완성하여 제출하였습니다. 시간이 지날수록 다양한 친구들의 작업을 보게되었고③ 10가지 방법 이외에도 다양한 방법을 알게되었습니다. 그 친구들이 작업한 것들을 틈틈히 따라해보고 이유를 물어보면서 저는 시간이 지날수록 저는 각목을 가장 얇게 자를수 있는 방법과 얇은 각목 끼리 서로 지지할 수 있는 방법에 대해서 아이디어를 얻었고 가장 얇게 자른 각목을 겹겹히 엮어 서로를 지지하게 하였고 각목 틈사이를 분진가루와 목공풀로 매꿔 견고함을 보강하였습니다. 이러한 방법을 통해 저는 가장 적은 각목의 양을 이용해여 가장 편안한 의자를 만들어 내었고 종강시 모두의 박수를 받을 수있었습니다. 또한 제가 시작한 소통을 통해 수업내의 학생들 모두 작품을 공유하고 열린 마음으로 남의 의견을 수용한 결과 모두가 뛰어난 결과물을 얻어낼 수 있었습니다. 저는 항상 저를 기초 값에 맞추어 놓고 모르는 것을 다 배우겠다는② 자세로 사람들에게 묻고 스스로 개척해 나가면서 미래를 대비합니다.
저의 단점은,

첫째, 하고싶은 것이 많은 사람입니다.
사교 모임에 관심이 많았고 학교 수업을 들으면서 기타 동아리와 모션그래픽 동아리에 관심이 생겨 모두 가입하고 활동했습니다. 모든걸② 시작할 때는 열정을 다해 시작했지만 시험기간이 되면서 시험 준비와 기타동아리 축제준비 모션 공부 세가지가 한번에 겹치게 되면서 병행하기 여려워졌습니다. 우여곡절 끝에 어느곳에도 소홀하지 않고 한 학기를 마무리 했지만 저는 건강이 안좋아지면서 고생하게되었습니다.③
많은 사람들과 알게되고 좋은③ 가르침과 경험을 얻었지만 스스로 건강 관리를 하지 못하게 되었고 저는 배움에 열정도 중요하지만 자신이 어디 까지③ 할 수있는지 능력 범위를 알고 일정관리를 하는것이 중요한것을③ 깨 달았습니다. 그 이후 스케줄 표를 만들고 미리 일정 체크를 하여 겹치는 기간은 없는지 해야할 일이 무엇인지 파악한 후 시작하는 습관을 들이게 되었습니다.
둘째, 조금 급한 성격의 사람①
일을 잘 하기 위해 남들보다 빠르게 완성하고 검토하는 습관이 있습니다. 학창시절 잃어 버린 시간이 되돌아 오지 않는다고 생각하여 과제를 더 완벽하게 하기 위해 밥을 먹으며 과제를 했고 저는 얼마 가지 못해 번아웃 증후군으로 슬럼프를 격게② 되었습니다. 열정과 슬럼프 사이를 오가면서 저는 마라톤의 페이스 메이커처럼 적절한 속도를 유지하여 완성 하는것이③ 장기적으로 볼때③ 도움이 되는 것을 알았습니다. 이후 저는 일을 할때와 하지 않아야 할때를 구분하여 장기적인 안목에서 보게 되었습니다.

※ 상기 지원자의 'Before' 자기소개서는 자기소개서를 작성하기 전에 지원회사

의 질문 항목에 대해 '이렇게 작성하라'는 기본 컨설팅을 받은 이후에 작성된 것이기 때문에 내용은 조금 변경되었으나 기본적인 구성은 크게 달라지지 않았음을 사전에 밝혀 둡니다.

【원고의 문제점과 개선 방향】

① 본인의 단점을 이야기 하더라도 직무를 수행함에 있어서 너무 '치명적'일 수 있는 표현은 자제할 것!(지원직무가 '디자이너'인데, '급한 성격'이라는 표현은 '용기디자인을 하면서 혹시 오류나 실수를 하지 않을까?'라고 읽는 사람이 오해 할 수도 있음)

② 오탈자가 너무 많음. 마지막까지 오탈자, 띄어쓰기 등에 대해 신경 써서 마무리하기!

③ 띄어쓰기도 신경을 써서 확인하고 고칠 것.

【문쌤이 콕 짚어주는 면접관이 읽고 싶은 자기소개서 작성법】

√ 자기소개서에 담긴 내용은 충분히 현실적인 이야기를 잘 담았으나, 같은 의미를 전달하더라도 좀 더 세련되고 제 3자도 쉽게 이해할 수 있는 표현을 사용하도록 할 것.

√ 적정 시점에서 문단 줄 바꾸기, 들여쓰기 등을 해서 본인의 자기소개서를 읽는 사람이 좀 더 편하게 읽을 수 있도록 가독성을 고려할 것.

√ 오탈자는 나의 자기소개서에 대한 정성과 성의 정도를 알 수 있는 것이므로 주의!

[After]

[생활신조]

'관찰하고 경험하고 저장하라'를 교훈 삼아 생활해 나가고 있습니다.

왜냐하면 경험하고 관찰하는 것은 고객을 이해하는 가장 최적의 방법이라고 믿기 때문입니다.

인턴 당시 시장 조사를 통해 '왜 사람들이 인기 제품을 구매하게 되는 것일까?'라는 궁금증이 생겼습니다. 그래서 고객분들이 인기 있는 제품을 사용해 보는 것을 관찰했습니다. 고객들은 같은 제품을 사용하더라도 각각 다른 방법으로 자신만의 체험을 하고 있음을 알 수 있었습니다. 그곳에서 관찰하고 느낀 점을 메모하고, '왜 그러한 행동을 통해 제품을 체험할까?'에 대한 질문을 다시금 자신에게 함으로써 고객분들의 제품에 대한 마음을 이해할 수 있었습니다.

현장에서 알게 된 다양한 경험을 바탕으로 한 깊은 이해도를 기반으로 신제품을 디자인할 경우, 고객의 기대에 부응하고 만족을 이끌어낼 수 있습니다. 또한 '사람' 자체에 대한 축적된 경험은 향후 소비자들의 요구를 분석하고 파악하는 데 좋은 자양분이 될 것입니다.

[장점 및 단점]

저의 장점은,

첫째, 맡은 일에 '책임'을 다하는 디자이너입니다.

유관부서와의 일정 조율이 잘 되지 않아 급하게 업무를 수행해야 했지만, 최선을 다한 결과 주어진 업무를 시간 내에 완성도 높게 마무리한 경험이 있습니다.

저는 화장품 사용법 삽화를 제작하는 업무를 단기간에 끝내야 했습니다. 단기간의 작업이지만 과정에 충실하기 위해 작업한 삽화에 대해 주변 전문가분들의 피드백을 구했고, 부족한 경험을 채우기 위해 모든 시간을 사용하여 정해진 기간 내에 마무리하였습니다. 그 결과, 부서장님의 높은 만족도를 끌어내며 마무리하였습니다. 삽화 작업은 2년이 지난 지금까지도 브랜드 홈페이지에 사용되고 있으며 이는 스스로 보람과 뿌듯함을 느낄 수 있는 결과물이 되었습니다.

둘째, 배움을 '스펀지처럼 흡수'하는 사람입니다.

학창 시절 '적은 양의 각목을 이용하여 편안한 의자를 제작'하는 주제로 총 5개의 의자를 완성하는 과제를 수행 시, 친구들과 소통하며 다양한 방법을 시도하고 제작된 의자는 모두의 박수를 받을 수 있었습니다.

각목을 어떤 방식으로 가공할 수 있을지 조사하였고 10가지의 가공 방법을 직접 나무에 실험해 보며 나무 가공법을 익혔습니다. 또한, 친구들의 다양한 작업 방법을 보며 제가 습득한 10가지 방법에 친구들의 방법을 더해 새로운 의자를 디자인하였습니다.

시간이 지날수록 기법이 더해지면서 가장 각목을 얇게 자를 방법과 서로 지지하여 버틸 수 있는 아이디어를 얻었고 완성도 높은

5종류의 의자를 제출할 수 있었습니다. 제가 먼저 시작한 낮은 자세로 배우고자 하는 모습은 친구들 모두와 함께 성장하여 뛰어난 결과물을 얻어 낼 수 있었습니다.

반면에 저의 보완점으로는,

첫째, 하고 싶은 것이 너무 많은 욕심꾸러기입니다.

학교 수업을 들으면서 기타 동아리와 모션그래픽 동아리에 참여하여 활동하였습니다. 모든 것을 시작할 때는 열정을 다해서 시작했지만 시험 준비, 축제 준비, 모션 공부 세 가지가 한꺼번에 겹치게 되면서 병행하기 어려워졌습니다. 어느 한 곳에도 소홀하지 않으려고 하다 보니 건강이 안 좋아지면서 고생하기도 하였습니다. 많은 사람과 알게 되고 좋은 가르침과 경험을 얻었지만 스스로 건강 관리를 하지 못하게 되면서 저는 배움에의 열정도 중요하지만, 자신이 어디까지 할 수 있는지 능력 범위를 알고 일정관리를 하는 것이 중요하다는 것을 깨달았습니다.

둘째, 일에 대한 완급 조절능력이 조금 부족한 면이 있습니다.

일을 잘하기 위해 남들보다 빠르게 완성하고 검토하는 습관이 있습니다. 학창 시절 잃어버린 과제를 더 완벽하게 하려고 식사를 하면서까지 과제를 할 정도였습니다. 열정과 슬럼프 사이를 오가면서 적절한 속도를 유지하여 완성하는 것이 장기적으로 볼 때 도움이 되는 것을 알았습니다. 업무를 처리함에 있어서 일에 대한 중요도와 시급성을 고려해서 우선 순위를 정해 처리하려고 노력합니다.

사례 2

본인이 가장 큰 성취감을 느꼈던 일과 가장 큰 실패경험

(질문 의도)
지금까지의 경험 중에서 성취감을 느낀 정도의 수준과 실패경험의 수준을 앎으로써 지원자와 같이 조직생활을 하게 될 경우, 지원자의 성취(성과)와 실패 가능성 정도를 파악

〈카버코리아/용기디자인 최종합격, H대/디자인학과, OOO(여)〉

[Before]

[성취경험]
'창의적인 아이디어의 실현과 디자인적 책임감 재고'①
저는 창의적이① 아이디어 상품이 현실로 실현되는 프로세스를 경험하였고 디자인 과정에는 프로세스를 따라 충분히 검토하여야 하고① 협의를 통해 발전시켜야한다는① 것을 배웠습니다.
저는 3개월간 용기 디자인 회사에서 직무를 수행 할 당시 대표님이 회사에서 해보고 싶었던 디자인이 무엇이냐고 질문하셨고① 저는 "사용자 경험을 개선한 용기 디자인"이 하고싶다고 말씀드렸습니다. 대표님은 진행해 보라고 하셨고 저는 사용자 경험을 개선한 아이디어 6가지 제안하였습니다. 참신한 기획은 대표님의 마음

을 사로 잡았고 모두 진행하여 양산까지 해보라고 말씀 하셨습니다. 저는 우선 제품 아이디어를 진행 시키기 전 실현 가능성과 니즈 여부를 파악하기 위해 사용자를 깊게 이해하기 위한 유저 인터뷰를 진행하였고 / 기술력/ 시장트렌트 등으로 나누어 점검하였습니다. 확인 결과 한 가지 아이디어가 기술적으로 불가능하다는 것을 알게되었고 그 아이디어를 제외한 나머지를 5가지를 발전시켜 다시 발표하였고 디자인팀은 저를 기점으로 하여 제안된 아이디어를 분배하고 진행하였습니다. 분배된 아이디어는 서로간의 충분한 협의과정을 거쳐 디자인되었습니다. 저의 아이디어를 기점으로 하여 모든 팀이 함께 디자인을 진행하는 동안 저는 저의 아이디어에 대해 많은 피드백을 받을 수있었고 개인의 아이디어지만 오픈함으로써 협업을 통해 더 좋은 디자인을 만들 수있다는 것을 다시 한번 확인 할수있었습니다. 또한 디자이너의 역활을 단순히 창의적인 아이디어를 제안하는 것에서 끝나는 것이 아닌 책임감을 가지고 매 과정을 충분히 검토하여 현실성과 비즈니스 성공여부를 점검하여 결과물이 회사에 미치는 영향까지 고려하여한다는 것을 깨닫게 되었습니다.

[실패경험]
"디자인 소통의 부재로② 인한 쓴아픔"
글로벌 협업을 경험하였지만 소통의 부재로 팀원들의 만족도가 떨어지고 시간의 압박으로 협업을 포기하였다.③④
저는 학교에서 주관한 중국, 일본, 싱가폴, 한국 4개국의 70명이 참가하는 아시아 디자인 프로젝트에 참여하였습니다. 저의 팀에는 총 6명의 다국적 디자이너들이 모여 프로젝트를 진행하였습니다.

저는 꾸준히 해오던 영어와 중국어를 통해 모든 팀원과 원활한 의사소통이 가능하였고 팀장을 맡아 디자인을 주도적으로 이끌어 나가기 시작했습니다. 다양한 사람들이 모인만큼 다양하고 좋은 아이디어들이 나왔지만 짧은 시간 내에 진행 하다보니 완성에 초점을 맞추고 단기간 안에 끝낼 수 있는 프로젝트를 진행하였습니다. 주제 선정시 빠르게 끝낼 수있는 디자인을 선택하였지만 진행하면서 모두가 맘에 들어하지 않아했고 결국 소통이 줄어들면서 진행과정 전체에 문제가 생겼습니다. 발표날이 얼마 남지 않았지만 진전이 되지 않는 프로젝트를 진행시키기 위해 업무를 분배하여 각자 작업을 하여 발전을 시키게하였습니다. 각자 완성한 것들을 조합하여 완성품으로 발표를 하였지만 팀원들의 디자인 만족도는 하락하였고 수상도 할 수 없었습니다. 저는 저희가 실패한 이유을 저는 2가지로 분석해 보았습니다. 첫번째로 저희는 프로젝트 목표, 범위, 기간은 고려하였지만 디자이너들의 색상을 녹여내지는 못했습니다. 두번째로는 진행의 어려움을 소통하여 풀어내지 않았습니다. 이러한 두가지 이유를 통해 저는 모든 디자이너의 생각과 색상을 녹여내는 디자인이란 포기하지 않는 소통이라는 것을 깨달았고 능력에 맞는 업무의 분배는 좋지만 서로 프로젝트를 이해하지 못한 상황의 개인작업은 독이 된다는것을 깨달을 수있었습니다.

※ 상기 지원자의 'Before' 자기소개서는 자기소개서를 작성하기 전에 지원회사의 질문 항목에 대해 '이렇게 작성하라'는 기본 컨설팅을 받은 이후에 작성된 것이기 때문에 내용은 조금 변경되었으나 기본적인 구성은 크게 달라지지 않았음을 사전에 밝혀 둡니다.

【원고의 문제점과 개선 방향】

① 오탈자, 띄어쓰기는 마지막까지 점검해서 에러를 내지 않도록 주의!
② '디지인 소통의 부재' → 디자인이 소통하는 것은 아님. (말의 전달, 표현력에 주의!)
③ 요약 부분은 내용 전체를 대표할 수 있는 표현으로 사용할 것. (예 기자의 '기사 타이틀'처럼)
④ 자기소개서는 반말투의 사용은 금지! (따옴표로 인용하는 문구는 예외)

【문쌤이 콕 짚어주는 면접관이 읽고 싶은 자기소개서 작성법】

√ 질문이 복수의 내용을 듣고 싶어 한다면 듣고 싶은 이야기별로 구분해서 작성할 것.
√ Part 2. 개인 준비도 질문에 대해 다음과 같은 대응 필요.
√ 자기소개서의 '경험사례'에서도 설명하였듯이, 지원자의 경험사례를 묻는 어떠한 질문도 3가지 원칙을 준수하자!
- 3단 논법: 소제목 + 요약 + START로 구체적인 내용 전개.
- START: 이를 통해, 본인의 이야기를 충분히 전개할 수 있도록 구성. (Situation / Task / Action / Result / Taken)
- 들여쓰기, 줄 바꾸기: 첫 문장 시작할 때는 '들여쓰기'를, 전체 문단이 길어질 경우에는 4~6줄 정도, 화제가 전환되는 시점에서 '줄 바꾸기' 실행.
√ 소제목은 작성한 내용 전체를 이해할 수 있는 한 줄의 표현으로 작성!

[After]

[성취경험]

'창의적 아이디어 제안을 통해 디자이너로서 상품화의 쾌감을 맛보다!'

사용자 경험을 개선한 5가지의 창의적인 아이디어가 현실로 실현되는 프로세스를 경험하였고 디자인 과정에는 작업 프로세스에 따라 충분히 검토하여야 하고 협의를 통해 발전시켜야 한다는 것을 배웠습니다.

저는 3개월간 용기디자인 회사에서 직무수행 당시, 사용자경험을 개선한 아이디어 6가지를 제안하였습니다. 참신한 기획은 대표님의 마음을 사로잡았고 모두 진행하여 양산까지 해보자고 하셨습니다. 저는 실현 가능성을 점검하였고, 기술적 결함이 발생한 1가지를 제외한 5가지 아이디어를 디자인 팀원이 나누어 작업을 진행하게 되었습니다.

배분된 아이디어는 서로 간의 충분한 협의 과정을 거쳐 디자인되었습니다. 모든 팀원이 함께 디자인 작업을 진행하는 동안 제 아이디어에 대해 많은 피드백을 받을 수 있었고 개인 발상이 공유와 협업을 통해 더 좋은 디자인을 만들 수 있다는 것을 다시 한 번 확인할 수 있었습니다.

또한, 디자이너의 역할이 단순히 창의적인 아이디어를 제안하는 것에서 끝나는 것이 아닌, 충분한 시간을 가지고 검토하여 현실성과 비즈니스 성공 여부를 예측하고 결과물이 회사에 미치는 영향까지 책임감을 가지고 검토하여야 한다는 것을 깨달았습니다.

[실패경험]

'팀원 간 소통의 부재로 인한 완성도 낮은 프로젝트의 결과물'

다국인이 모인 '디자인 제작 프로젝트'로 글로벌 협업을 경험하였지만, 프로젝트 완성에 필요한 팀원 간 소통이 정상적으로 이루어지지 않아 완성도 높은 결과물을 만들지 못한 경험을 통해 소통과 협업의 소중함을 다시 깨달을 수 있었습니다.

저는 교내에서 주관한 중국, 일본, 싱가포르, 한국 등 4개국의 70명이 참가하는 디자인 제작 프로젝트에 참여했습니다. 짧은 기간 내에 진행해야 하였기에 빠른 완성이 가능한 디자인을 선택하였지만, 모두가 흡족해하지 않았고 그러다 보니 팀원 간 소통이 줄어들면서 진행 과정에 문제가 생겼습니다. 발표일을 얼마 앞두고 진전이 더딘 프로젝트를 완성시키기 위해 업무에 대한 역할 배분으로 각자의 작업을 발전시키도록 하였습니다. 각자 완성한 것들을 조합하여 완성품으로 발표를 하였지만 전체적인 디자인은 볼품이 없었고 수상도 할 수 없었습니다.

이번 프로젝트 경험을 통해 완성도 있는 작업은 결과보다 올바른 과정을 통해 이루어진다는 것을 깨달았고 능력에 맞는 업무 분담도 좋지만, 소통이 원활하지 못한 상황에서 개인으로 발전시킨 작업은 독이 된다는 것을 알 수 있었습니다.

['지원자의 취업준비도' 관련 Q&A]

Q 자기소개서를 돋보이게 할 '1줄'을 어떻게 만들면 좋을까요?

A 일반적으로 지원자의 경험사례를 물어보는 질문의 경우에는, 기본적으로 3가지로 구성 ('소제목 + 요약 + 구체적인 본인의 경험사례 기술') 하면 좋습니다. 이 중에서 특히 '소제목'은 1줄로 돋보이게 표현해야 합니다. 가장 좋은 방법은 기자들이 기사를 작성할 때 쓰는 '기사 Title'처럼 표현하면 가장 적절한 표현이 될 것입니다. 예를 들면,

> **문화재위원들 "청와대 활용방안 논의 전 철저한 연구 · 조사 필요"**
>
> [서울=뉴시스] 신효령 기자 = "청와대는 조선시대에 경복궁 후원으로 사용됐어요. 청와대 권역의 장소성과 역사성을 고려해 심도 있는 논의를 거쳐 활용 방안을 결정해야 합니다." 전영우 문화재위원회 위원장은 17일 문화재위원들과 서울 종로구 청와대 경내를 둘러본 후 기자들을 만나 이같이 말했다. (이하 생략)

위 기사내용의 Title처럼 기자가 어떠한 내용을 작성했으리라는 것을 어림 짐작해볼 수 있는 한 줄의 표현이 좋습니다.

Q 소위 8대 Spec, 이라는 것이 취업을 위해서 정말로 다 필요하나요?

A 8대 Spec이 무엇인지 아시나요? 학교(학력), 학점, 어학점수, 자격증, 인턴, 공모전, 어학연수, 봉사활동을 이야기하는 것임을 잘 알고 있을 것입니다. 여기서 질문 1가지! 위의 8개의 Spec이 모두 동일한 가치를 가지고 있는 것일까요? 절대 그렇지가 않습니다. 더구나 전반의 4개 항목인 학교(학력), 학점, 어학점수, 자격증은 정량화가 가능한 항목입니다. 후반의 4개 항목인 인턴, 공모전, 어학연수, 봉사활동은 정량화가 어려운 항목입니다. 주목할 점은 전반의 4개 항목은 이력서 상에 기록이 되고 Spec 평가 시 중요 요소로 반영되지만, 후반의 4개 항목은 자기소개서 항목에 잘 녹여내야 하는 항목이라는 점입니다.

요약하면, 8대 Spec은 취업을 위해 다 필요합니다. 전반의 항목은 이력서에, 후반의 항목은 자기소개서에 본인이 하고자 하는 일에 대한 경험을 잘 드러내야 하는 소재로서 존재하기 때문입니다. 더욱 중요한 점은, 가장 매력있는 이력서는 바로 '이력서만 봐도 지원자가 하고자 하는 직무를 바로 알 수 있는 이력서'가 가장 준비가 잘 된 매력있는 이력서임을 다시 한 번 강조합니다.

Q 자기소개서 질문에서 지원자의 경험사례 내용을 통해 역량을 파악한다고 하는데, 그렇다면 제가 느끼기에 인상 깊었던 경험을 얘기하면 되는 것인지요?

A 경험에 대한 답변을 할 때 우선 자기소개서 질문내용의 의도를 잘 파악해야 합니다. 경험에 대한 질문은 통상 특정 역량에 대한 유추가 가능한 내용으로 구성되어 있습니다. 예를 들어 '힘들었지만 자신에게 주어진 일을 완수해 낸 경험'이라면 책임감에 대한 역량을 묻는 것입니다. 이처럼 경험에 대한 질문은 질문의 의도를 먼저 파악해 보고, 질문이 의도하는 역량을 보여줄 수 있는 경험을 이야기해야 합니다.

Q 긴 글자수의 자기소개서보다 짧은 자기소개서가 더 작성하기 힘듭니다. 어떤 경험을 어떻게 넣어야 하나요?

A 실제로 작성하다 보면 긴 자기소개서보다는 짧은 자기소개서가 훨씬 더 힘듭니다. 글자수에 맞춰 경험을 넣다 보니 말이 안 되는 경우도 있고, 어떤 경험인지 조차 이해가 안 되는 글을 보게 되기도 합니다. 짧은 자기소개서에서 필요한 경험은 '어떻게'라는 고민보다는 '안 쓸 수는 없을까?'라는 고민을 해야 합니다. 경험 자체를 버리자는 것이 아닙니다. 추가적인 경험과 상황설명에 집중하다가 아무것도 보여주지 못하는 우를 범하지 말자는 이야기입니다.

구체적인 설명은 면접에서 하더라도 '경험위주'가 아닌 '결과위주'로 글을 써야 합니다. 짧은 글자수로 경험을 묻는다면, '경험명 - 기간 - 인원 - 역할명 - 성과'를 단답형으로 연습장에 작성해 놓고 팩트 위주로 자기소개서에 옮겨보면 글자수에 대한 조절이 조금은 수월해 질 수 있을 것입니다.

Q 너무 사소한 경험인데 실무경험에 적합하다고 써도 괜찮은 걸까요?

A 결론부터 말하면 '괜찮습니다.' 전국 1등과 전교 1등은 엄연히 다릅니다. 그렇다고 그 노력 방식이 무조건 다르다고 할 수는 없습니다. 본인의 역량이 다를 수 있고, 지능지수가 다를 수도 있겠지만 공부를 하는 열정과 노력 그리고 방식에 대해서는 남들보다 더 나을 수 있다는 것입니다. 본인만의 방식으로 공부를 해도 영어는 만점인데, 수학은 30점일 수밖에 없다면 본인의 방식으로 영어를 공부하는 것이 좋습니다.
채용담당자가 선발하고자 하는 직무가 영업이라면 또는 연구직이라면 어떤 방식을 선호하고 있을까에 대한 고민을 해볼 수 있어야 합니다. 결국 사소한 경험보다 직무에 가장 잘 맞는 방식과 사고를 가진 구직자에게 가능성 점수를 높게 부여할 수 있을 것입니다. 어떤 서류와 면접에서도 절대적인 경험의 규모를 고민하지 말고 끊임없이 직무를 고민하고 적합성을 고민하는 현명함을 발휘하길 바랍니다.

Q 어렸을 때 부모님이 이혼을 해서 어머니와 단둘이 살았습니다. 자기소개서에 이러한 내용을 작성하면 감점요인으로 작용되지는 않는지 궁금합니다.

A 부모님의 이혼 그 자체는 본인의 잘못이 아니므로 굳이 숨길 필요는 없지만, 그렇다고 내세울 만한 내용도 아닙니다. 다만, 성장 과정에서 겪은 아픔과 어려움을 슬기롭게 극복하고 본인을 더욱 더 단단하게 해 주었던 경험과 생각을 솔직담백하게 작성하면 자기소개서를 읽는 담당자들도 충분히 이해할 수 있을 것입니다.

Part 4

합격사례 2

'지원회사/지원직무 이해도' 질문 자기소개서

지원동기 및 입사 후 포부

['지원동기와 입사 후 포부'의 내용 작성을 위한 기본 구성]

'지원동기'는 지원자가 수많은 회사 중에서 왜 우리 회사를 선택했는지가 궁금한 사항이다. 이러한 기업의 Needs에 맞는 이야기를 하려면 아래와 같은 기본적인 것을 담아야만 자신만의 스토리텔링이 가능한 지원동기가 될 수 있다.

- 지원동기: 지원직무 관점에서 회사의 'Issue'를 찾아 자신의 '역할'을 보여줘라!
- 입사 후 포부: '나의 꿈(목표)를 제시하고 이를 통해 어떻게 기여'할 것인지를 보여줘라!

[지원동기 및 입사 후 포부 관련 질문]

※ 〈My Competence: 본인이 지원한 직무관련 지원동기와 역량에 대하여 Guide〉 해당 직무의 지원동기를 포함하여, 직무관련 본인이 보유한 강점과 보완점을 사례를 통하여 구체적으로 기술해 주시기 바랍니다.(1000자) – LG전자, LG화학

※ CJ제일제당이 속한 식품산업군은 급속한 환경의 변화가 이루어지는 시장입니다. 식품산업군의 지원직무 Specialist로 어떤 미래를 그리고 싶은지, 본인의 성장 계획을 작성해 주십시오. – CJ제일제당(식품)

※ 지원동기: 지원동기를 구체적으로 기술하시오.(600자) – 롯데푸드

※ 입사 후 포부: 입사 후 10년 동안의 회사생활 시나리오와 그것을 추구하는 이유를 기술해 주세요.(500자) – 롯데푸드

※ KT는 블라인드 채용을 시행하고 있습니다. 자기소개서 내 개인을 식별할 수 있는 정보(성명, 가족관계, 출신지, 학교명 등)는 작성을 금하여 주시기 바랍니다. KT 및 해당 직무에 지원한 동기와 KT 입사 후 해당 직무의 전문가로 성장하기 위해 어떤 노력을 할 것인지 구체적으로 기술해 주십시오.(최대 700자 입력 가능) – KT

사례 1

exam-ple

삼성전자를 지원한 이유와 입사 후 회사에서 이루고 싶은 꿈을 기술하십시오.

(질문 의도)
우리 회사에 대해 알고 있는 정도, 그리고 애정도와 관심도가 얼마나 있는가?
앞으로 입사하게 되면 지원회사를 위해 어떻게 기여할 수 있는가?

〈삼성전자/회로설계 최종합격, S대/전자정보공학, OOO(남)〉

[Before]

[NPU 개발을 위한 첫 걸음]
삼성전자에서 최고의 Deep Learning(이하 DL) 프로세서인 NPU를 설계하고 싶습니다.① S.LSI사업부는 서버용 AI칩에 이어 AP에 NPU탑재를 계획하며 AI칩셋 시장에서 영향력을 키우고 있습니다. 이러한 세계적 경쟁력을 가진 S.LSI사업부에서 저의 AI칩에 대한 열정을 펼칠 수 있을 거라 확신합니다.①
저는 반도체 설계 중에도 디지털 설계에 흥미를 느꼈습니다. AI가 발전하고 활용도가 증가함에 따라 DL 프로세서의 중요성도 날로 증가하고 있습니다. 저는 Tensorflow로 DL을 구현해보면서 많은 연산량을 위한 전용 프로세서의 필요성을 느꼈습니다. NPU에 흥미를 느껴서 FPGA로 'DL Accelerator'를 설계해보며 chip 설계에 더 관심을 갖게 됐습니다. 그리고 특허청에서 주최한 캠퍼스 특허전략 유니버시아드에서 AI칩의 특허 전략 수립 보고서를 작

성하며 NPU를 설계하겠다는 꿈을위한 역량을 갖추려 노력했습니다.②
최고의 AI 칩을 설계하기 위해서는 최고의 경쟁력을 갖춘 S.LSI사업부만큼 최적의 조건은 없다고 생각합니다.① 저는 삼성전자에서 디지털 설계 업무를 하며 최종적으로 NPU를 개발하고 싶습니다.①
저의 꿈과 열정을 담아 개발한 NPU를 엑시노스에 탑재하고 싶습니다.① AI칩셋 시장을 이끌어가는 엑시노스, 그리고 삼성전자를 만들도록 최선의 노력을 다하겠습니다.

※ 위 내용을 읽었을 때, 무엇이 지원동기에 담고자 하는 'Issue'이고, 무엇이 입사 후 목표인지 알 수가 없다.(회사는 자선사업 단체가 아니다. 지원자를 채용해서 연봉과 일자리를 주는 만큼 반대급부로 채용한 지원자가 '돈이 될 만한 인재'인가의 관점에서 여러분을 바라보므로 회사를 위한 명확한 지원자의 '역할과 기여' 표현이 중요!)

【원고의 문제점과 개선 방향】

① 이러한 표현은 지양!('~~~입니다, ~~~토록 하겠습니다' 식의 표현 사용)

(표현 예시) 지원자 스스로도 확신이 없고 믿음이 안 가는 식의 표현은 자제!

- 설계하고 싶습니다. ➜ 설계하도록 하겠습니다.
- 펼칠 수 있을 거라 확신합니다. ➜ 펼치도록 하겠습니다.

- 없다고 생각합니다. ➜ 없습니다.
- 개발하고 싶습니다. ➜ 개발하도록 하겠습니다.

② 지원동기에 본인의 경험사례는 불필요.(지원회사의 업종과 지원회사에 관한 이야기 중심으로 전개….)

【문쌤이 콕 짚어주는 면접관이 읽고 싶은 자기소개서 작성법】

√ 지원동기는 '왜 우리 회사를 지원했는가'에 대한 본인만의 답변을 준비.

√ 입사 후 포부는 회사를 위해 직무관점에서 어떠한 목표(꿈)이 있고 이를 통해 어떻게 기여할 수 있는가에 대한 답변을 하도록 할것.

√ 질문에 듣고 싶은 이야기가 2개이면, 듣고 싶은 이야기를 구분해서 작성할 것.

[After]

[지원동기]

'AI시대 반도체 기술을 이끄는 회로설계자로서 차세대 시스템 반도체 시장 선도 주역의 일원이 되고자 지원하였습니다.'

삼성전자는 System LSI 사업부를 중심으로 AI 반도체 개발에 총력을 가하고 있습니다. 세계적으로 AI 칩 경쟁이 치열한 가운데 삼성전자 S.LSI 사업부는 지능형 이미지 처리에 특화된 Exynos 9810을 내놓으며 기술력을 과시했습니다. 저는 회로설계 직무 담당자로서 S.LSI 사업부가 최고의 NPU 설계능력을 보유하는데 이바지하겠습니다. 모바일 외에도 차량, IoT 등의 AP 제품을 선보이며 시스템 반도체를 선도하고 있는 S.LSI 사업부에서 최고의 NPU를 설계할 최적의 인재가 되도록 하겠습니다.

[입사 후 포부]

저는 '최고의 NPU를 설계해서 AI 반도체 시장에서 정상'에 서는 S.LSI 사업부를 만드는데 일조하도록 하겠습니다. 이를 위해서,

첫째, 특허 출원을 통해 기반기술을 확보하겠습니다.

5년 이내에 10개 이상의 특허를 작성해 빠르게 다가오는 AI 칩 시장에 표준을 구축하겠습니다.

둘째, 지속해서 신기술을 연구하겠습니다.

매일 1편 이상의 논문 탐독으로 새로운 구조를 시도해 보며 최고의 NPU를 만들겠습니다.

이를 통해서, 'S.LSI 사업부의 NPU를 세계표준 AI 반도체'가 될 수 있도록 하는데 기여하는 회로설계자로 성장하겠습니다.

사례 2

example

당사를 선택한 이유와 입사 후 포부를 기술하시오.

(질문 의도)

우리 회사에 대해 알고 있는 정도, 그리고 애정도와 관심도가 얼마나 있는가?

앞으로 입사하게 되면 지원회사를 위해 어떻게 기여할 수 있는가?

〈카버코리아/용기디자인 최종합격, H대/디자인학과, OOO(여)〉

[Before]

[중국 유학을 통해 접하게된 AHC 브랜드]

'00년도 초에 저는 중국에서 유학생활을 하고 있었습니다. 한국 화장품에 관심있는 중국 친구에게 가장 좋아하는 한국 화장품 브랜드 말해달라고① 했습니다. 친구는 이니스프리, AHC가 좋다고 하였습니다. 하지만 친구는 AHC 화장품은 좋지만 이니스프리에 비해 매장이 찾기 어렵다고 했고 온라인 구매는 정품을 확인 하기 어렵다고 하였습니다. 이후 한국에 방문할 때 명동 매장에서 AHC 프리미엄 하이드라 B5 화장품을 사다주게 되면서 카버코리아 화장품의 저력에 대해서 알게 되었습니다. 이후 저는 AHC라는 브랜드에 관심을 가지게 되었고② 한국을 알리기 위해 카버코리아는 같이 일해보고 싶은 회사가 되었습니다.③

[기술을 바탕으로 끊임없이 도전하는 회사]

저는 도전을 통해 내일의 '새로운 제품을 창조'하는 일을 할 것입니다.③ 디자인 직무는 현재의 제품에 문제를 찾고 더 나은 더 편한 것을 만들기 위해 노력하는 일이라는 점에서 도전하는 직업이라고 판단됩니다. 카버코리아는 현재까지 비비토, 샤라샤라, 언니의 레시피, AHC 등 많은 브랜드를 런칭하고 축적된 노하우를 쌓았습니다. 최근까지 도전을 멈추지 않으며 클루시브를 런칭하여 새로운 시대를 열어나가고 있습니다.

현재에 만족하지 않고 계속 발전해 나가며 저의 능력을 통해 많은 사람이 편하고 즐거울 수 있기를 바랍니다. 이러한 생각은 카버코리아의 경영철학과 상당 부분 일치합니다 '제임스 다이슨은 "계속 실패하라. 그것이 성공에 이르는 길이다" 라고 말했습니다. 실패에 좌절하지 않고 새롭고 독창적인 아이디어에 지속적으로 도전하여 카버코리아에서 성공에 이르는 길을 열도록 도전하겠습니다.

[축적된 빅데이터와 넓은 인프라를 가진 카버코리아]

저는 디자이너들의 노하우를 배우고 다양한 소비자의 피드백을 얻는 것은 저에게 원동력이 됩니다. 카버코리아는 국내외 시장을 타켓팅 하며 다양한 디자인에 도전해보면서 브랜드 경험을 보여줄 수 있는 고유한 디자인 노하우를 쌓았습니다. 또한, 유니레버의 인프라를 통해 더 많은 국내외 소비자들의 니즈와 피드백을 얻을 수 있게 되었습니다. 저는 이러한 도약에 한걸음 다가갈수 있도록 제가 가진 노하우를 직원들과 공유하고 직원들의 경험을 배우며 넓은 피드백을 통해 성장하겠습니다.④

[직원들과 함께 성장하는 카버코리아]

저는 발전과 성장에 필요한 환경 및 기회가 주어진 회사에서 일하고 싶습니다. 카버코리아는 거시적 관점에서 인턴십 제도를 통해 좋은 인재를 채용하고 발굴하고 직원과 함께 성장하기 위해 플레이샵, 직무 능력향상 교육, 외국어 교육지원 등 다양한 자기계발을 지원하고 있습니다. 이런 면에서 카버코리아가 제가 가진 가능성을 마음껏 펼칠 수 있는 무대를 제공할 수 있다고 확신합니다.⑤ 에스테틱 노하우를 전하기 위해 투자와 지원을 아끼지 않는 카버코리아는 디자인 직무를 수행하는 저에게 다양한 도전과 성장기회가 될 것으로 기대합니다. 주어진 기회를 통해 저는 트렌드를 선도하는 디자이너로 빠르게 성장하여 카버코리아와 함께 소수의 에스테틱이 모두의 에스테틱이 될 수 있도록 이바지하겠습니다.⑥

【원고의 문제점과 개선 방향】

① 말해달라고 ➜ 말해 보라고.

② '관심을 ~~~' 식의 표현은 너무 식상한 표현이므로 지양할 것.

③ 지원동기가 무엇인지 명확하게 표현할 것.

④ '입사 후 포부'에서 지원자의 '성장'을 듣고 싶은 것이 아님. 회사를 위해 어떠한 '목표'와 이를 통해 어떻게 '기여'할 것인지를 제시할 것.(기업에 대한 공부 '기업 분석'이 필수!!!)

⑤ 회사의 좋은 복리후생 등의 칭찬으로 회사에 입사하고 싶

다…라는 식의 표현은 회사 입장에서 듣고 싶은 얘기는 아니므로 지양할 것.

⑥ 너무 추상적인 목표 → 여러분은 어디에 입사하든, 신입사원이다. 신입사원 입장에서 회사를 위해 할 수 있는 '구체적인 목표'를 얘기하라!

【문쌤이 콕 짚어주는 면접관이 읽고 싶은 자기소개서 작성법】

√ 질문을 통해 기업이 듣고 싶은 이야기만 하자!(지원동기, 입사 후 포부)

√ 첫 문장 시작할 때는, '들여쓰기' 하기!

√ 여러분은 어느 회사에 입사하더라도 제일 막내인 신입사원이다. 여러분에게 기대하는 것이 엄청난 것이 아니다. 지원동기는 지원직무 관점에서 본인이 역할을 수행하는 분야에 있어서의 'Issue'를 제시할 수 있는 정도, 입사 후 포부는 실무자로서 회사를 위한 구체적인 '목표(꿈)'와 이를 통해 어떻게 '기여'할 것인지를 회사 공부를 통해서 제시해 줄 것.

[After]

※ 아래 [After]의 지원동기는 다른 자기소개서의 지원동기와는 달리 약간 추상적인 표현이기는 하지만, 세부적인 내용을 보면 카버코리아 내부의 이야기가 많이 담겨 있음. 그만큼 본 지원자는 지원회사에 대한 많은 노력으로 입사를 위한 준비가 되어 있었음을 의미.

[지원동기]

저는 디자이너로서 '디자인을 통해 세상을 건강하고 아름답게 만드는데 일조'하고자 지원하였습니다.

'아름다움을 모두에게 전하는 카버코리아'

디자이너로서 저의 최종 목표는 '디자인을 통해 세상을 건강하고 아름답게 만드는 것'입니다. 카버코리아는 1999년 설립 이후부터 소아암 환자, 에이즈 퇴치, 미혼 부모 돕기, 지역사회 봉사활동 등 다양한 사회 공헌을 통해 세상을 건강하게 변화시키기 위해 노력하고 있습니다. 이를 통해 카버코리아가 외모만을 아름답게 만드는 것이 아닌 마음까지 건강하게 만드는 기업임을 알게 되었고 인류의 삶에 공헌하기 위해 노력하는 모습이 디자인을 통해 세상을 바꾸려는 디자이너로서의 저의 모습에 투영되었습니다.

발로 뛰는 사회 공헌 활동과 함께 차별성 있는 제품을 디자인하여 카버코리아의 경쟁력을 향상하고 고객들의 윤리적 소비를 통해 더 많은 사람에게 카버코리아의 건강한 마음이 전달될 수 있도록 하겠습니다.

'탄탄한 기술을 바탕으로 끊임없이 도전하는 카버코리아'

저는 디자이너로서 '내일의 새로운 제품을 창조하는 일'을 통해 카버코리아에 일익을 담당하도록 하겠습니다. 디자인 직무는 현재의 제품에 문제를 찾고 더 나은 더 편한 것을 만들기 위해 노력하는 직업입니다. 카버코리아는 현재까지 비비토, 샤라샤라, 언니의 레시피, AHC 등 많은 브랜드를 런칭하고 축적된 노하우를 쌓았습니다. 최근까지 도전을 멈추지 않으며 클루시브를 런칭하여 새로운 시대를 열고 있습니다. 현재에 만족하지 않고 계속 발전해 나가며 저의 역량을 통해 많은 고객분들이 편하고 즐거울 수 있도록 끊임없는 노력을 하도록 하겠습니다. 새롭고 독창적인 아이디어에 지속적으로 도전하여 제 디자인을 통해 카버코리아의 매출에 기여하는 길을 열도록 도전하겠습니다.

[입사 후 포부]

저는 '사용자 경험을 증진하는 디자인'을 구현하는 것을 목표로 매진하도록 하겠습니다. 이를 통해 발전시킨 디자인으로 카버코리아 고객분들이 제품을 사용하는 동안 브랜드 가치를 일관되게 느낄 수 있도록 하겠습니다. 이를 위해서,

첫째, '전문가의 손길을 구현하는 제품디자인'을 실현하겠습니다.

전문가의 손길을 구현해 낼 수 있는 화장품 용기를 디자인하겠습니다. 좋은 화장품 원료를 넣은 화장품도 전문가와 일반인은 다

르게 사용합니다. 다른 사용법으로 인하여 전문가들과 일반인 고객들에게는 차이가 발생합니다.

제가 가진 노하우를 활용하여 코스메틱 디자이너로서 고생하는 일반인들도 전문가답게 표현하는 스킨케어, 메이크업을 할 수 있도록 하겠습니다. 소수의 전문가가 구현하는 터치, 스킨케어 노하우를 제품에 적용하여 많은 사람이 AHC 제품만으로 아름다움을 찾아가는 즐거움을 모두가 느낄 수 있게 하겠습니다.

둘째, '건강하고 밝은 얼굴을 볼 수 있는 디자인'을 실현하겠습니다.

카버코리아가 전하고자 하는 가치를 전달하기 위하여 크롬 증착 소재를 활용한 용기디자인을 구현해 보도록 하겠습니다. AHC의 화장품을 매일 사용하는 고객이 자신의 얼굴을 거울에 비추어 보면서 달라지는 피부에 환한 미소를 짓는 것을 상상해 보았습니다. 소비자들은 달라진 피부를 확인하기 위해 거울에 비친 자신을 바라봅니다.

저는 크롬 증착 소재의 '거울' 특성을 이용하여 화장품을 사용 시 용기에 비친 얼굴을 통해 사용할 때마다 깨끗하고 맑아진 피부를 자연스럽게 확인하며 아름다움을 찾아가는 즐거움을 함께한다는 브랜드 가치를 전할 수 있도록 하겠습니다. 이러한 작은 경험들이 모여 고객들은 브랜드가 전하고자 하는 가치를 더욱 가까이서 느끼게 될 것입니다.

셋째, '친환경 소재를 통한 디자인'을 실현하겠습니다.

오염되어가는 환경이 중요한 문제로 떠오르면서 소비와 생산

모든 환경을 고려해야 하는 시대가 되었습니다. 저는 제품 제조 과정에서 발생하는 환경 피해를 최소화하는 자연 친화적인 아이디어로 모두를 건강하게 만드는 지속 가능한 디자인을 하는 노력을 게을리 하지 않겠습니다.

이러한 디자인을 통해 카버코리아의 고객분만을 위한 기업이 아닌, 지구 모두를 위하는 가치를 전할 수 있도록 하겠습니다.

넷째, '카버코리아다운 디자인'을 찾기 위한 부단한 노력'을 하겠습니다.

저의 소망은 카버코리아를 대표하는 디자이너로 미디어에 인터뷰하고 회사 제품을 소개하는 것입니다. 학창 시절 한율 리프레임을 이끈 '이은정 디자이너'의 회사를 대표하여 팀과 함께한 디자인을 소개하고 브랜드를 소개하는 잡지 인터뷰를 보며 디자이너로서의 행보를 동경하게 되었고 저도 한 회사를 대표하는 디자이너로 성장하겠다고 다짐했습니다.

뷰티 디자이너로서 카버코리아가 전하는 감성과 감정을 올바르게 전할 수 있도록 작은 것 하나에도 소홀하지 않고 최선을 다하며 회사를 대표하는 디자이너가 될 때까지 도전을 멈추지 않겠습니다.

사례 3

부산교통공사에 지원한 동기를 본인의 특기, 능력 등과 관련하여 기술하시오.(500자)

(질문 의도)
우리 회사에 대해 알고 있는 정도, 그리고 애정도와 관심도가 얼마나 있는가?

〈부산교통공사/운영직 최종합격, P대/경영학과, OOO(여)〉

[Before]

'안전지킴이 경험을 통해 안전을 최우선으로 삼다'①

최근 국토부의 철도안전법이 강화됨에 따라 부산교통공사는 안전매뉴얼을 전략과제로 삼고 있습니다. 특히 운영직은 고객 지향적인 안전서비스를 제공하므로 안전관리능력이 필수적으로 요구된다고 생각합니다.② 이러한 부문에서 제가 안전지킴이로 근로하면서 안전관리능력을 키운 경험을 활용하여 회사에 일익이 되고자 지원하였습니다.

저는 교내 공동실험실습관에서 근로장학생으로 1년 근무하면서 안전관리능력을 길러왔습니다. 공동실험실습관은 유해물질 · 가스 등 위험에 노출이 잦은 곳이어서 건물의 안전지킴이 역할을 맡아 매달 건물 내 모든 소화기들을 점검하였습니다. 그런데 소화기들이 노후하거나 분실되었고, 비상대피도도 없는 상황이라 안전관리매뉴얼이 거의 지켜지지 않는 상황이었습니다. 그래서 저는 건물 내 모든 연구실을 돌면서 소화기를 꼼꼼하게 점검하면서 부적합한 것들은 전면 교체 작업을 하였습니다. 그런 다음 소화기 비치도, 비상대피도와 재난시 행동요령 등의 안전매뉴얼을 새로 제작하여 모든 연구실에 부착하였습니다. 이처럼 상시 점검 및 매뉴얼을 준수하는 태도가 안전관리에 있어서 가장 필요한 자세임을 익힐 수 있었습니다. 저의 경험을 활용하여 세계를 무대로 진출하는 부산교통공사가 세계에서 인정받는 안전공사가 될 수 있도록 도움이 되고자 합니다.③

【원고의 문제점과 개선 방향】

① 면접 시 '지원동기'를 이야기 해보라고 한다면 이 표현으로 대신할 수 없을 것이다. 말이 되는 글을 써라!

② 요구된다고 생각합니다 → 요구됩니다.('~~~생각합니다'의 표현은 본인 스스로도 확신이 결여된 표현이므로 사용 지양!)

③ 지원동기는 본인의 경험사례보다는 지원회사가 속한 업종과 지원회사에 대해 본인만이 이야기 할 수 있는 스토리텔링으로 구성할 것.

【문쌤이 콕 짚어주는 면접관이 읽고 싶은 자기소개서 작성법】

√ 지원동기는 '지원직무(운영직) 관점에서 부산교통공사의 'Issue'를 통해 본인이 할 수 있는 '역할'을 보여줄 수 있는 지원동기로 구성.

[After]

'고객 지향의 안전서비스 제공으로 도시철도 중심의 대중교통을 활성화시키고자 지원하였습니다.'

최근 부산교통공사는 시민의 안전을 위해 노후설비를 교체하는데 주력하고 있습니다. 이용객의 안전을 확보하여 도시철도 중심의 대중교통을 활성화시키는 데 총력을 가하고 있습니다.

저는 운영직의 안전관리 직무 담당자로서 고객 지향적인 안전서비스를 펼쳐서 도시철도 이용률을 높이는 데 이바지하고자 지원하였습니다. 저는 부산교통공사의 안전패밀리로 활동하며 주기적인 안전모니터링을 통해 도시철도 안전문화 정착을 위한 캠페인을 펼쳐왔습니다. 이 경험을 바탕으로 시각자료 제작을 통해 지속해서 안전캠페인을 펼치고, 데이터 관리 및 분석을 통해 이용률을 분석하겠습니다. 그래서 부산교통공사의 안전하고 편리한 서비스를 좀 더 많은 시민들이 누릴 수 있는 방안을 모색하겠습니다. 도시철도 중심의 대중교통을 활성화시키는 데 기여하는 안전담당자가 되겠습니다.

지원회사/지원직무 이해도

['지원회사/지원직무 이해도'의 내용 작성을 위한 기본 구성]

'지원회사/지원직무 이해도'는 취업준비생이라면 본인이 지원하는 회사와 그 회사에서 하고자 하는 직무에 대한 기본적인 사항을 알고 있는가를 파악하기 위함이다. 이러한 기업의 니즈에 맞는 이야기를 하려면 회사의 기본적인 기업 분석과 함께 본인이 지원하는 직무에 대한 준비가 필요하다.

- 지원직무는 만약 지원회사에 근무하는 학교 선배가 있다면 선배를 통해 직무에 대한 직/간접적인 경험을 듣고 자기소개서에 기입하는 것이 좋다.
- 지원기업의 채용부서에 정중하게 현업 담당자 소개를 부탁해 인터뷰를 통해 직무를 알아보고 이를 자기소개서에 기입하도록 한다.
- 최소한 자신이 지원하는 회사에 대한 일과 직무에 대한 역할이 무엇인지는 알고 자기소개서에 기입하도록 하자.

[지원회사/지원직무 이해도 관련 질문]

※ 지원한 직군에서 구체적으로 하고 싶은 일과 본인이 그 일을 남들보다 잘할 수 있는 차별화된 능력과 경험을 기술하시오.(1000자) – 신세계

※ 본인이 지원한 직무수행 시 필요하다고 생각하는 역량을 중심으로 직무를 정의해보고, 해당 직무를 본인이 잘 수행할 수 있다고 판단하는 근거를 기술해 주십시오.(본인의 강점, 가치관, 관련 경험에 근거) – CJ제일제당(식품)

사례 1

한국농수산식품유통공사가 수행하는 업무를 아는 대로 설명하고, 이 중 본인이 하고 싶은 업무와 그 이유를 기술해 주십시오.

(질문 의도)
회사 업무에 대한 이해 정도를 통한 '회사에 대한 애정도, 관심도'와 지원직무 역할에 대한 이해 정도 파악

〈한국농수산식품유통공사/행정 최종합격, P대/무역학과, OOO(여)〉

[Before]

1. aT 업무
aT는 농어업인의 소득증진과 국민경제의 균형발전을 위해 아래 4가지 업무를 수행하고 있습니다.
유통개선:직거래 및 사이버 거래 등 원활한 농산물 유통 위한 구조개선
수급안정: TRQ와 수급수매관리 효율성 제고를 통한 비축 인프라 확충 및 물가 안정 도모
수출진흥: 농식품 수출 경쟁력 제고와 수출시장 다변화를 통한 수출 확대 기여
식품산업육성: 전통식품 육성 및 식품외식업체 사업환경 조성

2. 수출진흥에 이바지하기 위한 선택, 중국수출부: 중국을 한국 식품 세계화의 교두보로!

중국은 한국과 비슷한 식문화와 먹거리를 가지고 있으며, 지리적으로도 타국에 비해 가까워 가공식품뿐만 아니라 신선식품의 수출도 도모할 수 있는 전략적 시장입니다.

논리력 동아리에서 키워온 분석력과 통역협회 활동으로 쌓아온 중국어와 중국에 대한 이해를 바탕으로 명확한 시장분석을 통해 가공식품뿐 아니라 신선식품의 수출을 증대시켜 중국을 우리 식품 세계화의 교두보로 만들겠습니다.

또한, FTA 발효를 앞둔 시점에서 생산부터 유통, 수출까지 무역에 대한 전반적 지식을 바탕으로 농수산품 시장의 '위기'를 '기회'로 만드는 데 이바지하고자 합니다.

※ 상기 지원자는 자기소개서를 작성하기 전에, 입사지원서 작성법에 대한 기본 강의 수강을 통해 각 항목마다 어떻게 작성해야 한다는 것을 어느 정도 이해한 상태에서 작성하였음을 사전에 밝힙니다.

【문쌤이 콕 짚어주는 면접관이 읽고 싶은 자기소개서 작성법】

√ '질문을 통해서 듣고 싶은 이야기를 명확히 구분.(직무수행 역할, 직무 지원 동기)

√ '좀 더 가독성을 고려해서 나의 자기소개서가 읽기 편하도록 구성!

[After]

[직무수행 역할]

한국농수산식품유통공사는 농어업인의 소득증진과 국민경제의 균형발전을 위해 아래 4가지 업무를 수행하고 있습니다.

① 유통 개선: 직거래 및 사이버 거래 등 원활한 농산물 유통을 위한 구조 개선.
② 수급 안정: TRQ와 수급수매관리 효율성 제고를 통한 비축 인프라 확충 및 물가 안정 도모.
③ 수출 진흥: 농식품 수출 경쟁력 제고와 수출시장 다변화를 통한 수출 확대 기여.
④ 식품산업 육성: 전통식품 육성 및 식품 외식업체 사업환경 조성.

[직무 지원동기]

'수출 업무를 통해 진정한 농수산식품의 해외진출 성장, 지역별 특색을 담은 수출품목지도를 완성'해 보고자 지원하였습니다!

한국농수산식품유통공사의 인턴기간 동안 물류비 서류 검토 및 수출동향 보고서 작성 업무를 해보며 지역마다 특색이 다름에도 불구하고 우리 농수산물 수출이 몇몇 주력품목에 집중되어 있어서 품목의 다양화 및 지원사업의 대상품목 확대의 필요성을 느끼게 되었습니다.

국내외 수출입 동향을 분석하여 상대국의 수요를 채울 수 있는 우리만의 특색 있는 품목을 찾아내는 안목과 무역실무에 따른 전략기획 업무를 통해서 우리 농수산식품의 성공적 수출을 주도하는 데 기여하도록 하겠습니다.

사례 2

exam-ple

본인이 지원한 분야의 직무와 그 역할에 대하여 기술하여 주십시오.

(질문 의도)
자신이 수행해야 할 지원직무에 대한 명확한 설정 여부와, 앞으로 자신이 담당해야 할 직무에 대한 역할에 대한 이해 정도 파악

〈국방기술품질원/방위산업육성지원 최종합격, G대/기계설계과, OOO(남)〉

[Before]

[품질경영부 부품개발연구팀 직무 체계]

→ 이하 작성하는 내용을 업무 Manual 설명식이 아닌 본인이 알고 있는 바를 설명하는 형식으로 구성!

1. 국방품질경영

국방품질경영은 군에서 사용하는 군수품에 대한 제품의 성능을 구현하고 품질의 신뢰성을 보장함으로써 군의 요구를 충족시키는 활동이며, 계약품목에 대한 품질보증활동, 국방경영시스템 관리활동, 형상관리, 대군지원활동 업무를 수행합니다. 최근 총수명주기체계 관리정책과 더불어 총수명주기 관점에서 국방품질경영활동을 수행하는 균형적 품질경영이 전개되고 있습니다.

2. 국방품질경영 정부품질보증활동

정부품질보증기관인 국방기술품질원은 제2자 품질보증 업무를 실시합니다. 따라서 군에서 군수품 조달과 관련된 계약을 체결하면 업체는 자체적으로 품질 보증해야 할 의무가 있으며, 국방기술품질원은 그 계약의 적정한 이행을 확보하기 위하여 계약서, 설계서 등의 서류를 바탕으로 감독 등의 정부 측 품질보증활동을 수행합니다.

3. 부품국산화 업무 지침 및 역할

국방기술품질원의 부품국산화 업무는 아래 8호로 규정됩니다.

① 부품국산화 개발소요제기

② 양산단계 추가 소요제기 품목의 개발계획 접수, 타당성 검토 주관

③ 부품국산화 개발대상품목의 개발관리

④ 부품국산화 개발품의 규격화 및 목록화 요청

⑤ 부품국산화 인증 신청 자료의 검토, 인증심사 및 연구개발확인서 발급

⑥ 부품국산화개발 완료 후 부품국산화 관련자료의 종합관리 및 관련부서 통보

⑦ '국외조달 수입부품' 및 '국내조달 무기체계에 포함된 수입부품'의 목록공개

⑧ 기타 방위사업청장이 국산화 개발관리와 관련하여 요청하는 사항에 대한 지원

부품국산화는 안정적인 조달원 유지 및 적시공급 가능을 통한 군수지원의 역할을 수행합니다. 또한 국산화를 통한 기술개발에 따라 국내 산업시장 육성에 기여합니다. 나아가 총 수명주기 전체 비용 중 수입에 대한 대체효과와 외화 절감을 실현합니다.

【문쌤이 콕 짚어주는 면접관이 읽고 싶은 자기소개서 작성법】

√ 듣고 싶은 이야기는 본인의 지원직무와 지원직무가 어떤 역할을 하는 것인지에 대한 것을 듣고 싶은 것이므로 이에 맞는 내용으로 구성.

[After]

[지원직무]

저는 '방위산업육성지원' 직무를 지원합니다.

[직무수행 역할]

무기체계 개조개발 업무는 아래의 군수지원, 기술개발, 경제성 3가지 측면을 고려하며 역할을 수행합니다.

첫째, 군수지원 측면은 부품국산화 개발소요 제기와 개발대상 품목의 개발관리, 규격화 및 목록화 요청을 수행합니다. 또한, 부품국산화 인증신청 자료의 검토, 인증심사 및 연구개발확인서를 발급합니다.

둘째, 기술개발 지원 이후 부품 국산화개발 완료품목 관련 자료의 종합관리 및 관련부서 통보를 수행합니다.

셋째, 경제적인 측면으로 국내 산업체 지원의 역할과 수명주기 전체 비용을 고려한 수입대체 효과를 통한 외화절감을 실현합니다.

무기체계 개조개발 사업지원은 무엇보다도 중요한 업무 중의 하나이며 양산단계에서의 업무는 다음과 같이 추진됩니다.

단계 1. 개발 단계: 국내연구개발을 통한 대상체계 획득 및 국내개발 생산을 수행합니다.

단계 2. 양산 단계: 연구개발 품목 이외의 추가적 부품 양산 단계에서 외국으로부터 도입하던 장비, 부품을 국내개발을 통해 생산합니다.

단계 3. 운영 단계: 소모성 하부체계 및 부품을 국내 개발 후 생산합니다.

이러한 방산육성 지원사업를 통해서 우리나라의 자주국방을 책임지는 역할을 수행합니다. 국방기술품질원의 국방품질경영은 군에서 사용하는 군수품에 대한 제품의 성능을 구현하고 품질의 신뢰성을 보장함으로써 군의 요구를 충족시키는 활동이며, 계약품목에 대한 품질보증 활동, 국방경영시스템 관리 활동, 대군 지원 활동 업무를 수행합니다.

본인 주장 (가치관, 견해, 사고방식, 원칙, 기준)

['본인 주장'의 내용 작성을 위한 기본 구성]

본인의 주장을 물어보는 유형은 다양하다. 그러나 어떤 유형이든지 다음의 원칙을 가지고 작성하면 크게 문제없을 것이다.

'저의 (주장을 듣고 싶은 내용)은 (~~~)입니다. 왜냐하면 (~~~)이기 때문입니다'

(이하, 본인이 그러함을 입증할 수 있는 경험사례 제시)

〈예시〉

1. 직업 선택 기준

   저의 직업 선택 기준은 (   ) 입니다. 왜냐하면 ~~~이기 때문입니다.

   이하, 본인이 그러함을 입증할 수 있는 경험사례 제시.

2. 인생 가치관

   저만의 인생 가치관은 (   ) 입니다. 왜냐하면 ~~~이기 때문입니다.

   이하, 본인이 그러함을 입증할 수 있는 경험사례 제시.

3. 삶의 가치

   저의 삶에서 가장 중요하게 여기는 가치는 (   ) 입니다. 왜냐하면 ~~~이기 때문입니다.

   이하, 본인이 그러함을 입증할 수 있는 경험사례 제시.

4. 인재상

   ○○○공사의 인재상 중에서 가장 부합하는 것은 (   ) 입니다. 왜냐하면 ~~~이기 때문입니다.

   이하, 본인이 그러함을 입증할 수 있는 경험사례 제시.

사례 1

exam-ple

최근 사회이슈 중 중요하다고 생각되는 한 가지를 선택하고 이에 관한 자신의 견해를 기술해 주시기 바랍니다.

(질문 의도)
지원직무를 수행함에 있어서 현안 과제를 알고 있고, 이에 대한 대안을 가지고 있는가?

〈삼성전자/회로설계 최종합격, S대/전자정보공학, OOO(남)〉

[Before]

'AI의 발전과 세계 표준을 위한 AI칩셋의 글로벌 경쟁'
AI의 기술 발전과 활용도 증가로 AI칩셋 개발 경쟁이 중요한 이슈로 떠올랐습니다. 알파고의 발전에 구글의 TPU가 있던 것처럼 AI의 발전에는 반도체가 따릅니다. 그리고 여러 기업이 미래 산업인 AI를 위해 AI칩셋 개발 경쟁에 뛰어들고 있습니다.
삼성전자 S.LSI사업부 역시 2019년에는 서버용에 이어 모바일용 NPU를 출시할 계획입니다. 또한, '컴퍼스 인텔리전스'에 따르면 삼성전자는 AI칩셋 시장에서 세계 11위로 선두를 위한 경쟁이 한창입니다. 저는 AI시대의 도래에 대비해서 Tensorflow로 DL을 학습하고 FPGA로 가속기를 구현해보며 chip개발을 위한 역량을 키웠습니다.

[AI칩의 범용성 문제 해결책]

현재 주로 활용되고 있는 클라우드 컴퓨팅 기반의 AI는 네트워크 오류 혹은 지연으로 인한 안전문제, 기밀성 등이 문제가 될 것이라고 생각합니다. AI칩으로 문제를 해결할 수 있다고 생각합니다. 하지만 AI칩은 범용성과 성능이 반비례한다는 문제가 있습니다. 하지만 AI칩 역시 완벽하게 요구를 충족하지는 못합니다. AI칩의 개선 필요 요소로는 '가격', '범용성'이 대표적이라고 생각합니다. 'AI칩 시장 진입 특허 전략'보고서를 위해 조사하면서 위 문제들을 고려하여 AI칩이 발전할 방향으로 아래 2가지 전략을 세웠습니다.①

1. 병렬성을 가지는 동시에 데이터 재사용성을 극대화시킨 구조로 Timing과 Area에 모두 이득을 보는 방법입니다. 이 방법으로 성능뿐 아니라 가격에 이점을 취해 시장에서 우위를 점할 수 있을 것입니다.

2. NPU의 ISA를 정의하여 사용자의 목적에 따라 프로그램할 수 있도록 해서 범용성을 취하는 방법입니다. 이를 통해서 주어진 기능 외에는 성능이 떨어지는 전용 칩의 특성을 극복할 수 있을 것입니다.

위의 방법으로 범용성 문제를 해결할 수 있을 것입니다. 입사 후 이 문제들을 해결한 NPU를 개발해서 삼성전자와 함께 AI칩을 이끌어가겠습니다.

【원고의 문제점과 개선 방향】

① '전략을 세웠습니다'라는 것보다 [After]에 기술한 것처럼 비록 말이 안 되는 조금은 어설픈 내용일 수는 있으나 '제안 드립니다'라는 내용의 이야기가 읽는 회사 입장에서는 지원자에 대한 남다른 준비 노력에 좀 더 많은 점수를 줄 수가 있다!

【문쌤이 콕 짚어주는 면접관이 읽고 싶은 자기소개서 작성법】

√ 듣고 싶은 이야기로 구분해서 작성(사회이슈, 지원자의 견해)해서 이에 대한 이야기만 서술하면 충분.

[After]

[사회이슈]
'AI의 발전과 세계 표준을 위한 AI 칩셋의 글로벌 경쟁'

AI의 기술 발전과 활용도 증가로 'AI 칩셋 개발 경쟁'이 중요한 이슈로 떠올랐습니다. 알파고의 발전에 구글의 TPU가 있던 것처럼 AI의 발전에는 반도체가 수반됩니다. 그리고 여러 기업이 미래 산업인 AI를 위해 AI 칩셋 개발 경쟁에 뛰어들고 있습니다. S.LSI

사업부 역시 '00년에는 서버용에 이어 모바일용 NPU를 출시할 계획입니다. 또한, AI 칩셋 시장에서 세계 11위로 선두를 위한 경쟁이 한창입니다.

[지원자의 견해]

'AI칩의 범용성 문제해결책 제안'

현재 주로 활용되고 있는 클라우드 컴퓨팅 기반의 AI는 '네트워크 오류 혹은 지연으로 인한 안전문제, 기밀성 등'의 문제가 예상됩니다. 이러한 문제는 AI 칩으로 문제를 해결할 수 있을 것입니다. 그러나 AI 칩 역시 완벽하게 요구를 충족하지는 못합니다. AI 칩은 범용성과 성능이 반비례하기 때문입니다.

AI 칩의 개선 필요 요소로는 '가격과 범용성'이 대표적일 수 있습니다. 이를 해결하기 위해 2가지 대응 전략을 제안 드립니다.

첫째, 병렬성과 데이터 재사용성을 극대화한 구조설계입니다.

이 방법으로 Timing과 Area에 이득을 취할 수 있습니다. 성능과 가격 모든 면에서 우위를 가져 시장에서 경쟁력 우위를 점할 수 있게 될 것입니다.

둘째, NPU의 ISA를 정의하는 방법입니다.

사용자의 목적에 따라 프로그램 할 수 있도록 하여 범용성을 가질 수 있을 것입니다. 이를 통해 주어진 기능 외에 성능 효율이 저하되는 전용 칩의 특성을 극복할 것으로 기대됩니다.

사례 2

exam-ple

본인이 회사를 선택할 때의 기준은 무엇이며, 왜 현대자동차가 그 기준에 적합한지를 기술해 주십시오.

(질문 의도)
지원자의 회사에 대한 가치관(개념) 및 지원회사에 대한 애정도, 관심도 확인

〈현대자동차/생산관리 최종합격, H대/기계정보공학과, OOO(남)〉

[Before]

'What makes you consider? : Rule Breaker를 꿈꾸다.'

인턴 생활 중 대한민국에는 아직 갑과 을이 명확하다고 느꼈습니다. 협력업체들과 고객사를 대하는 태도 차이는 충격적이었습니다. 한 번쯤 조여줘야 한다는① 명목하에 연배와 직급에 상관없이 협력업체 직원에게 호통을 치며 훈계하는 반면, 고객사에는 정반대의 태도를 보이는 것을 목격하며 이러한 문화는 반드시 바뀌어야 한다고 다짐했습니다.

그 생각을 이미 실천하고 있는 기업은 현대자동차입니다. 현대자동차는 자동차 산업의 글로벌 리더로서 협력사와의 동반성장을 목표로 하며 그 중요성을 그 어느 기업보다 중요하게 인식하고 있

습니다. 그 예로서② 협력사 테크 페스티벌을 열어 협력사와 신기술을 공유하며 동반성장을 추구하고 있으며 2008년부터 협약을 통해 중소기업에 대한 대기업의 불공정 행위 예방, 경쟁력 강화 지원 등에 기여하고 있습니다. 이러한 점에서 현대자동차는 제가 생각하는 이상을 실천하며 이루어내고 있는 기업입니다.③ 하청업체가 협력업체가 되고 결국 동반자로 탈바꿈하는 과정의 중심에 함께하고 싶습니다.④ 변화를 두려워하지 않는 기업, 바로 현대자동차입니다.

'What makes you excited? : 완성차 그리고 플랜트운영.'

현대자동차에서 완성차를 만드는 즐거움을 느끼며 플랜트운영의 역량을 키워나가고 싶습니다. 학교 내 자작 자동차 동아리 Garage에서 영암 자작 자동차 대회에 출전했었습니다. 적은 지원과 새벽까지 계속되는 작업에 몸과 마음도 고되었지만 직접 차를 만든다는 일념을 가지고 임했습니다. 생각지도 못한 엔진의 결함으로 코스를 완주하지 못하는 것을 보며 가슴이 찢어졌습니다.⑤ 아무리 좋은 설계와 설비가 있다고 하더라도 올바른 운영 없이는 최고의 생산품을 만들 수 없다는 것을 그때 깨달았습니다. 현대자동차는 완성차를 만든다는 자부심과 함께 세계 최대 규모의 단일 공장을 운영하는 플랜트운영 전문가입니다. 현대자동차는 저를 가슴 뛰게 하는 기업입니다.⑥

※ 지원자의 자기소개서 내용을 읽어 봐도, 지원자의 '회사의 선택 기준과 현대자동차가 그 기준에 적합한 이유'를 정확히 알 수가 없다. 이 2가지 질문에 명확히 답변하는 내용을 담아라!

【원고의 문제점과 개선 방향】

① 조여줘야 한다는 → 지휘, 감독한다는

② 그 예로서 → 생략해도 무난한 표현.

③ 검증할 수 없는 말 장난 식의 표현은 지양!

④ 과정의 중심에 함께하고 싶습니다. → 과정의 중심에 서서 함께 하도록 하겠습니다. (너무 구걸하는 식의 표현은 삼가.)

⑤ 가슴이 찢어졌습니다. → 안타까운 마음이 들었습니다.

⑥ 질문과는 무관한 마지막에 하는 본인의 '의지' 표현은 지양!

【문쌤이 콕 짚어주는 면접관이 읽고 싶은 자기소개서 작성법】

√ 질문을 통해 듣고 싶은 이야기를 두괄식으로 먼저 들려줘라. (회사의 선택 기준, 현대자동차가 기준에 적합한 이유)

√ 자기소개서에서 담는 문장 표현은 좀 더 세련되고, 정화된 표현을 사용!

√ 아무런 의미가 담겨 있지 않은 마지막에 하는 '의지(?)' 표현은 지양.

[After]

[회사의 선택 기준]

'협력업체와의 동반성장과 플랜트 운영의 전문성입니다.'

인턴생활을 하면서 갑을 관계에 대해서 다시 한 번 생각해 볼 기회가 있었습니다. 특히 제조업의 경우 협력업체와의 업무 중 고객사라는 이유로 납품업체를 동등한 위치에서 존중하지 않고 있다는 것을 경험하였습니다. 상호간의 존중이 부족한 관계는 발전에 마이너스 요인이 될 것입니다. 그래서 저는 여러 협력업체와 동반성장을 이루어 내는 기업을 지원하게 되었습니다.

또한, 학교 내 자작 자동차 동아리 Garage에서 영암 자작 자동차 대회 출전를 통해 생각지도 못한 엔진의 결함으로 코스를 완주하지 못하는 것을 보며 아무리 좋은 설계와 설비가 있다고 하더라도 전문성을 기반으로 한 운영 없이는 최고의 생산품을 만들 수 없다는 것을 깨달았습니다. 전문성을 가진 기업에서 역량을 키워 회사의 일원으로서 일익을 담당하도록 하겠습니다.

[현대자동차가 기준에 적합한 이유]

'협력업체와의 상생 기업문화를 선도하며 플랜트 운영의 전문성이 탁월합니다.'

현대자동차와 관련된 내용을 볼 때마다 '협력사는 더는 하청업체가 아닙니다. 현대자동차와 함께하는 동반자입니다.'라는 내용을 자주 접하고는 합니다. 이미 현대자동차는 협력업체와의 동반성장 문화를 실천하고 있습니다.

해외 경쟁차 부품을 협력업체에 무상으로 제공하는 프로그램을 통해 현대자동차로 부터 부품을 받은 엔진부품 제조업체 '인지컨트롤스'는 세계 최초로 워머내장형 밸브 개발에 성공했고 이로 인해 현대자동차는 향후 3년간 약 300억 원의 외화를 절감할 수 있었습니다. 현대자동차와 함께 성공적인 동반성장의 사례가 이를 잘 반증해 주고 있습니다.

또한, 세계 최대 규모의 단일 공장인 국내 울산공장을 포함하여 전 세계에 걸쳐 총 10개의 플랜트를 원활하게 운영하고 있습니다. 매년 500만대의 생산품은 좋은 설비와 설계만으로 이루어질 수 없을 것입니다. 현대자동차에는 이상을 실현할 전문성이 있습니다.

다중 질문

['다중 질문'의 내용 작성을 위한 기본 구성]
'다중 질문'의 의미는, 기업마다 하나의 자기소개서에서 '듣고 싶은 이야기가 한 개 이상을 요구하는 경우'를 말한다. 따라서 지원회사의 자기소개서에 '다중 질문'에 대한 답변을 듣기를 원한다면 듣고 싶은 내용별로 구분해서 작성하면 된다.

[다중 질문 관련 질문]

※ 삼성전자를 지원한 이유와 입사 후 회사에서 이루고 싶은 꿈을 기술하십시오. – 삼성전자

※ 당사에 지원한 이유와 입사를 위해 어떤 노력을 하였는지 구체적으로 기술하시오. (1000자) – 신세계

※ 지원한 직군에서 구체적으로 하고 싶은 일과 본인이 그 일을 남들보다 잘할 수 있는 차별화된 능력과 경험을 기술하시오.(1000자) – 신세계

※ 조직 이해: 우리 회사에 지원한 동기 및 입사 후 회사 내에서 실천하고자 하는 목표를 본인의 역량과 결부시켜 기술하여 주십시오. – 한국전력공사

사례 1

현대자동차 해당 직무 분야에 지원하게 된 이유와 선택 직무에 본인이 적합하다고 판단할 수 있는 이유 및 근거를 제시해 주십시오.

(질문 의도)
지원자의 지원직무 역할에 대한 이해도와, 지원직무 수행을 위해 준비한 내용 확인

〈현대자동차/플랜트운영 최종합격, S대/기계과, OOO(남)〉

[Before]

'웃음 근무' (➜ 직무를 지원하는 동기를 명확히 알 수 없다!)

인턴생활을 통해 생산관리의 매력에 빠졌습니다. Master Data, BOM, Cost Center, Work Center, Routing을 통한 MRP를 이용하여 자재 소요량을 계산하며 예측까지 한다는 점에서 (전공에서 느끼지 못한 or 전공과는 다른) 재미를 느꼈습니다. 또한, 하루하루 예상치 못한 변수들에 맞서 현장과 사무실이 협력해 해결해 나가는 흐름을 함께 하며 할 수 있는 일, 잘할 수 있는 일이라고 생각했고 그 이유로 플랜트운영에 지원하게 되었습니다. 직접 현장에서 배운 감각과 흐름은 제가 플랜트운영에 적합한 인재에 부합한다고 생각합니다.① 또한, 명확한 직무 방향과 직무를 즐긴다는 점

은 그 누구보다 빠르게 성장할 수 있는 원동력입니다.

'나를 아는 것' (➜ 직무에 적합한 사람임을 잘 표현하는 내용으로 구성!)

대내외 활동에서 리더역할을 맡아왔고 성공적으로 이끈 경험이 있습니다. 또한, 인턴을 통해 사내에서도 대인관계에 장점이 있는 사람이라는 확신이 들었습니다.② 그 예로서③ 사무실의 직원들뿐만 아니라 현장의 반장님들과도 상황에 맞춘 소통으로 사무실과 현장을 연결하는 연결고리 역할을 원활하게 해냈습니다. 대학교 자작 자동차 동아리에서 직접 자동차를 만들며 얻었던 경험을 통해 현장에서 일하는 분들의 노고를 이해할 수 있었기에 가능했다고 생각합니다.① 또한, 여러 가지 동아리 경험으로 초면인 사람과도 의사소통에서 즐거움을 느낄 수 있게 하며 서로 협력하여 공동의 가치를 이끄는 것에 능하여 조장을 도맡아왔습니다. 그 결과로 OOO와 한 조라면 못해도 A0라는 얘기를 듣고는 했습니다. 이러한 점들을 생산관리에 적합하다고 생각합니다. 기계공학으로 시작하여 생산관리라는 직무에 도달하기까지 수 없는 고민과 절망이 있었습니다. 그렇지만 진정 원하고 즐기는 것을 찾았기에 그 누구보다 적극적이고 노력하며 즐길 준비가 되어있습니다. 현대자동차의 인재상처럼 끝없이 도전하는 현대인이 되겠습니다.④

【원고의 문제점과 개선 방향】

① 부합한다고 생각합니다. → 부합합니다. ('생각합니다'의 표현은 본인 스스로도 확신이 없다는 의미가 담긴 표현이므로 사용 지양!)

② 확신이 들었습니다. → 평을 많이 들었습니다. ('확신'이라는 표현은 지원자를 한번도 만난 적도, 본 적도 없는 사람들의 입장에서는 검증할 수 있는 표현이 아니므로 지양!)

③ 그 예로써 → 생략해도 무난한 표현.

④ 질문과는 무관한 마지막에 하는 본인의 '의지' 표현은 지양!

【문쌤이 콕 짚어주는 면접관이 읽고 싶은 자기소개서 작성법】

√ 질문을 통해 듣고 싶은 2가지 이야기에 대해 답해라! (직무 지원동기, 직무 수행 역량)

√ 아무런 의미가 담겨 있지 않은 마지막에 하는 '의지(?)' 표현은 지양.

[After]

[직무(플랜트운영) 지원동기]

플랜트운영(생산관리)은 저의 가치를 높일 수 있는 직무입니다. 플랜트운영 직무를 선택한 두 가지의 이유가 있습니다.

첫째, MRP에 대한 남다른 흥미와 매력입니다

Master Data, BOM, Cost Center, Work Center, Routing 등의 MRP를 이용한 자재소요량의 흐름에서 전공 수업에서는 접하지 못했던 또 다른 재미를 느낄 수 있었기 때문입니다. 또한, 생산부문의 직무를 경험하면서 강한 흥미를 느꼈고 실무자분들의 좋은 평가를 받아 저의 가치를 높인 경험이 있었기 때문입니다.

둘째, 여러 부서와 협업할 수 있다는 강점이 있다는 점입니다.

생산, 품질관리, 생산기술, 심지어 구매 부서와도 소통해야 한다는 점은 원활한 인간관계에서 삶의 가치를 느끼는 저에게 매력적인 점입니다.

[직무수행 역량]

저는 플랜트운영 직무수행에 필요한 3가지의 역량(실무경험, 중재능력, 직무 전문성)을 갖추었습니다.

첫째, 현장과 사무실을 아우르는 실무경험입니다.

인턴 기간 중 제가 담당했던 생산라인의 자재에 관해서 만큼은 사무실, 현장, 협력업체 직원까지도 저와의 실무적인 업무처리가 필수적이었습니다. 인턴 기간 중 최선을 다해 주어진 일을 해낸 결과 '오래도록 일할 수 있으면 좋았을텐데…'라는 기분 좋은 평을 듣기도 하였습니다.

둘째, 일에 대한 관련 부문과의 가교 역할을 충실히 수행해낼 수 있습니다.

여러 조별과제에서 조장을 수행하면서 조원들이 자유롭게 주장할 수 있는 환경을 만들어왔고 항상 A+라는 점수를 얻었습니다. 또한, 군 복무 당시 주임원사의 권한으로 관심병사를 관리하는 역할을 맡게 되었고, 병사들과의 상담을 통해 협상과 설득의 역량을 발전시켰습니다.

셋째, 직무에 대한 전문성입니다.

군에 있을 당시 전투기 엔진의 부품 수명을 관리하는 EMMS 프로그램을 사용하여 최대한도의 시간을 관리하였고 인턴 경험을 통해 생산관리 직무를 경험했습니다. 숫자를 다룬다는 점, 전산과 실물을 동시에 관리한다는 공통점은 이 직무를 훈련할 기회였습니다.

['지원회사/지원직무 이해도' 관련 Q&A]

Q 회사 지원 이유에 대한 답변으로 솔직하게 '돈 벌고 싶어서'라고 작성하면 안 되나요? 실제로 그렇잖아요?

A '돈 벌고 싶어서'라고 작성하는 것은 '취업을 해야 하는 이유' 또는 '직업이 필요한 이유'에 적합한 답변은 될 수 있으나, 특정 회사에 지원한 이유를 물어보는 질문의 답변으로는 부적합합니다. 왜냐하면 돈을 버는 것은 어느 회사에서나 가능한 것이며, 굳이 특정 회사에 들어가야 하는 이유가 아니기 때문입니다.

만약 서류를 통과하고 실전 면접에서 자기소개서 내용을 토대로 검증을 하기 위해 '지원사유가 돈 벌고 싶어서라고 했는데, 돈 벌어서 무얼 하겠습니까?'라고 추가 질문을 받는다면 어떻게 답변을 할 것입니까? "가족들과 행복하게 잘 먹고 잘 살기 위해서 입니다."라고 답변한다면 이 또한 부적절한 답변이 될 것입니다.

여기서 보듯이 질문의 의도에 어긋나는 답변을 하게 되면 면접은 이상한 방향으로 전개가 되고, 어렵게 만든 실전면접에서 좋은 점수를 받을 수 없게 되는 것입니다. 본 질문은 '지원동기'를 묻고자 하는 질문이므로 본서의 'Part 4. 지원동기 및 입사 후 포부'를 잘 읽어 보시면 좋은 해답을 얻을 수 있을 것입니다.

Q 제가 지원하고자 하는 기업은 남들도 선호하다 보니 경쟁률이 엄청납니다. 수많은 지원자들의 자기소개서를 읽기는 하는가요?

A 모집분야별로 요구전공이 있으므로 요구전공 해당자인지 검토가 먼저 이루어집니다. 영업 직무 같은 경우에는 전공불문의 회사가 많으므로 질문자가 자신의 전공이 해당되는 직무에 지원했느냐가 중요하게 됩니다. 그리고 자기소개서 검토는 차별없이 이루어집니다. 직무적합성 평가의 수단으로 자기소개서가 평가되므로 직무에 대한 이해를 기반으로 필요 지식과 기술, 태도에 대한 적합한 역량을 조화롭게 작성해야 합니다. 우선은 직무에 대한 이해도를 높이는 것이 중요합니다.

최근에는 채용시장에도 AI가 도입되어서 자기소개서 자동검색기로 1차 선별하는 기업이 점차 늘어나고 있습니다. 내가 작성한 자기소개서의 오류(오타, 맞춤법, 기업명 오기재), 표절률, 기업 인재상과의 연관성, 직무관련 Key-Word, 경험/경력사항 등을 AI를 통해 1차 선별하는 과정이 있으니 자기소개서 작성에 좀 더 유의하면서 작성할 필요가 있습니다.

Q 채용공고에 직무명은 나와 있는데 해당 기업이 중소기업이라 직무 내용을 명확히 알 길이 없습니다. 어떻게 하면 좋을까요?

A 우선은 동일 산업군의 다른 기업의 직무 내용을 조사해 보시기 바랍니다. 같은 산업군 내의 비슷한 규모의 회사라면 직무 내용이 크게 다르지 않습니다. 좀 더 적극적인 방법으로는 회사에 재직 중인 선배를 찾아 문의해 보는 방법도 있습니다. 해당 선배가 동일한 직무가 아니라 하더라도 주변 동료에게 도움 요청을 통해 직무 내용을 알려주는 경우도 있습니다.

보다 적극적으로, 해당 기업 인사부서에 전화를 걸어 회사에 지원하려는 취업준비생인데 지원직무에 대해 구체적으로 알고 싶어서 문의한다면 반가운 마음으로, 친절하게 답변해 드릴 것입니다. 만약 인사부서에서 원하는 답변을 하기가 어렵다면 현업부서에 연결해서라도 가능한 방법을 찾아드릴 것입니다. 대신에 문의하는 본인의 정중하고 예의 바른 모습도 중요합니다.

Q 제가 진정으로 하고 싶은 일은 마케팅이지만 이공계 전공자로서 우선 연구개발 분야에 입사한 후, 근무를 하다가 마케팅으로 이동하고 싶습니다. 이러한 경우에 입사 후 마케팅을 하고 싶다고 작성하는 것이 좋은지 문의 드립니다.

A 직무 중심 채용에서 가장 중요하게 판단하는 기준은 '희망 직무에 대한 관심과 해당 직무를 수행하기 위해 준비한 것들이 무엇인가?'입니다. 정말로 하고 싶은 일이 마케팅이라면 마케팅을 지원하는 것이 바람직합니다. 그러나 현 시점에서 마케팅 직무를 수행하기 위해 준비된 것이 없으

므로 보다 직무적합성이 높은 연구개발 분야에 지원하겠다는 것으로 이해합니다. 그렇다면 머릿속에서 마케팅을 지우는 것이 현명합니다.

자기소개서에 마케팅에 대한 이야기는 언급하지 않아야 하며, 면접에 가서도 '마케팅에 관심 있나요? 마케팅 잘할 수 있을 것 같은데 한번 해 보실래요?'라는 질문에 현혹되어서는 안 됩니다. 이것이 바로 직무 중심 채용입니다. 혹자는 '상황에 따라 순발력을 발휘하라'라고 조언하는 경우도 있지만, 혼란스러워할 필요는 없습니다. 실무에서는 무조건 하나의 직무에 올인해야 합니다.

Q 4학년 재학 중인 대학생입니다. 현재 취업 준비를 하려고 하는데 지원할 직무를 결정하기가 쉽지 않습니다. 주위에서 회사를 결정하는 것보다 직무를 결정하는 것이 더욱 중요하다는 이야기를 합니다. 직무 결정이 왜 중요하고 또한 직무를 결정하는데 필요한 기준이 되는 팁은 무엇인지 듣고 싶습니다.

A 많은 학생들이 취업 준비를 하면서 진로에 대한 고민, 또한 본인의 직무가 맞는지에 대해 방황하고 있습니다. 물론 산업군이 명확한 이공계는 비교적 덜하지만, 인문・상경계열의 학생의 경우 진로 고민을 하는 경우를 많이 보았습니다. 무엇보다도 직무를 결정할 때 필요한 Tip은 충분히 자기 자신에 대한 분석을 하라는 것입니다. 분석만 명확히 되어도 충분히 본인 인생에서 바람직한 직업을 선택하고 행복한 삶을 영위할 가능성이 많아집니다. 하지만 대부분은 실질적으로 경험해 보지 않았기 때문에 쉽지 않은 선택일 것입니다.

저자는 우선 관심 직무를 분석해 보기를 권합니다. 이 분석만 명확해도 본인의 소신을 보여주어 충분히 좋은 기업에 합격할 확률을 높일 수 있습니다. 또한 관심 분야를 직접 작성하고 확인하게 되면 분명 해당 분야에 대한 올바른 직무를 선택하고 직접 수행하는 이정표가 될 수 있을 것입니다.

단 한가지 명심해야 할 점은, 기업에서는 지원자의 '잘하는 면을 보지, 하고 싶은 것을 보는 것이 아니다'라는 점입니다. 즉, 취업은 '하고 싶은 일을 가지고 지원하는 것이 아니라, 할 줄 아는 것을 가지고 이를 잘 보여주어야 한다는 점'을 꼭 명심하시기 바랍니다.

Q 생산기술 또는 연구개발 직무를 지원하려 합니다. 팀 프로젝트 경험이 많습니다. 인사(채용)담당자가 프로젝트 내용을 전반적으로 이해하기 힘들 것 같은데 설명을 첨부해야 하나요?

A 서류 검토는 통상 인사(채용)부서와 함께, 실무 현업부서와 함께 진행합니다. 따라서 팀 프로젝트 내용에 관련된 내용은 어느 정도 이해할 수 있습니다. 또한 채용 시 고려하는 부분은 어떤 프로젝트를 했느냐 보다 그 프로젝트 안에서 지원자가 어떤 역량을 발휘했는가 하는 부분입니다. 그러니 나의 자기소개서 내용을 너무 전문적인 용어를 사용하기 보다는 일반적으로 누가 읽어도 전체 흐름을 이해할 수 있도록 전문적인 용어보다는 쉽게 이해할 수 있는 표현의 사용이 중요합니다.

지원자들이 너무 친절한 나머지 프로젝트의 배경을 아주 상세하게 기술하는 경향이 있습니다. 하지만 그런 설명은 친절한 것이 아니라 무모한 것입니다. 평가자가 일고 싶어하는 내용을 분명하게 드러내는 것이 우선입니다. 상황설명을 하려고 분량을 소비하지 말고, 자신의 역량과 역량 발휘 부분에 집중하기를 바랍니다.

Q 전공무관인 직무에 지원하려고 합니다. 그런데 아무리 전공무관이라고 하더라도 관련 전공자에게 가점이 더 부여되지 않나요?

A 전공과목이 직무와 관련이 있다면 분명 유리한 스펙으로 작용할 수 있습니다. 다만, 전공무관 직무라고 하면 서류전형에서 전공에 대해 따로 가산점을 부여하지는 않습니다. 하지만 서류전형 통과 이후 면접에서는 지원자의 다양한 역량과 장·단점을 평가합니다. 이때 자신이 가진 전공과목이 직무에 연관되어 있다고 적극적으로 어필한다면 분명 유리하게 작용합니다. 만약 자신의 전공이 직무와 연관이 없다면, 직무와 연관된 자신의 다른 장점들을 부각시킬 수 있도록 더 노력하여 부족한 부분을 만회해야 합니다.

Part

5

합격사례 3

'자유 형식'의 자기소개서

자유 형식

['자유 형식'의 내용 작성을 위한 기본 구성]
자기소개서 작성을 위한 글자수(1000자 또는 2000자)만 주어지고, 특별한 질문이 없는 자기소개서에는 과연 무엇을 담아야 할까? 기업 입장에서 한번 생각해 보자!

여러분이 기업의 채용 담당자에서 글자수만 주어지고, 자유롭게 자신에 대해 이야기를 하라고 한다면 과연 듣고 싶은 기본적인 이야기가 무엇일까?

1. 지원동기 + 직무수행 역량 + 입사 후 포부
2. 지원동기 + 적합성(직무적합성, 조직적합성) + 입사 후 포부

상기 2가지 방법 중에 1가지를 선택해서 사용하면 충분하다!
아래 2개의 사례는 2번째 항목을 기준으로 작성되었다. 원하는 글자수에 따라 1항과 2항을 선택해서 작성하면 된다.

사례 1

example

자신에 대해 자유롭게 표현해 보세요.

(질문 의도)
지원자를 가장 잘 드러낼 수 있는 내용을 통해, 기업 입장에서 지원자를 꼭 채용해야겠다는 의사결정 결심을 할 수 있는 내용

⟨NHN ACE/개발 최종합격, H대/수학과, OOO(남)⟩

[Before]

[직무적합성 / 조직적합성]
저는 일에 필요한 전문성과 함께 조직생활에 필요한 기본적인 경험을 하였습니다.
1. 직무를 위한 주요활동
1) 주요 경험 (➔ 이하에 기술된 년월은 임의로 표시하였음을 밝혀 둔다!)
(1) '21. 07 : AngularJs, NodeJs을 이용한 Todo서비스만들기 코드랩 참가
'WebFramework'에서 웹프레임워크 확산을 위해 주최된 코드랩에 참가하여, AngularJs와 NodeJS를 이용한 CRUD기능이 있는

Todo서비스를 만들어 보았습니다①

⑵'20. 12 ~ '21. 02 : Fusiondata인턴

SPCIE API(VDI환경를 구성하는 오픈소스)를 이용하여 안드로이드 모바일 클라이언트를 개선하였습니다. 개발은 인턴 2명에서 주도적으로 하였고, 저는 개선을 위해 기능별로 모듈을 나누는 작업, REST API 명세서를 보고 REST모듈을 개발, 안드로이드 기기에서 사용되는 VDI에 접속하여 사용되는 키보드 단축키 버튼 개발을 하였습니다. 개발된 키보드 단축키 버튼 기능 개념은 특허출원을 하였습니다.

⑶'20. 06 ~ '20. 11 : 한국 과학창의재단 주최 학부생연구프로그램 리더

'LED-to-LED 양방향 멀티홉 가시광통신 네트워크 시스템'이라는 주제로 연구프로그램에 리더 자격으로 참가하였습니다. 연구는 소프트웨어를 통해 양방향 통신을 제어하는 것이 핵심 연구주제 였습니다. 저는 연구에 필요한 양방향 통신 소스를 개발하여, 아두이노에 포팅하는 작업, 실험 결과를 정리하여 논문 작성하는 작업을 주로 하였습니다. 주요성과는 LED만을 사용한 양방향 통신시스템을 소프트웨어로 제어하는 방식으로 특허출원을 하였습니다.

⑷'20. 02 ~ '20. 04 : 학과홈페이지 개발

기존에 학과홈페이지의 노후와 웹을 공부하는 목적으로 학과장님에게 학과홈페이지 리뉴얼 하는 것을 허락을 받고,② 2명이 개발에 참여하였습니다. 개발 스택은 LAPM으로 하였고, Git을 통해 버전관리를 하였습니다. 저는 게시판, 메인페이지 이미지 슬라이드, 투표시스템을 개발하였습니다. 이미지 슬라이드는 오픈소스

를 사용하였고 투표시스템은 난수표를 이용하여 인증코드를 투표자들에게 나누어주어 인증코드를 입력하면 DB에 저장되어 있는 코드와 매칭하여 인증을 한 뒤 투표를 하는 방식으로 개발을 하였습니다.

2) 보유하고 있는 지식과 기술③

(1) C(중급), Java(중급), PHP(중급), Javascript(초중급),

(2) AMP을 이용항 웹서비스 개발

(3) Git을 통한 버전관리 및 협업 방식

(4) 'LED를 이용한 가시광 양방향 통신방법' 특허

(5) 'VDI 환경에서 3D터치방식을 이용한 모바일 기기의 단축키 입력장치 및 입력방법'

특허

(6) 가시광통신관련 LNCS, IEEE컨퍼런스 등 국내외 저널 논문 7편 등재

2. 조직생활에 필요한 소양 배양

1) 협업을 통한 성공적인 프로젝트 완수

3학년 겨울 방학 동안 인턴으로 기업에서 동료와 3가지의 협업 방식을 통하여 성공적인 목표달성을 하였습니다. 첫번째는④ 어플리케이션의 버전관리를 위해 사내 컴퓨터에 Git서버를 설치하여 운영하였습니다. 두번째로는④ Git 작업 Flow나 충돌 이슈를 Slack을 통해 소통을 하였습니다. 마지막으로는④ 아침에 10분씩 동료와 스크럼 회의 방식을 통해, 그날 할 일과 문제점 등을 지속적으로 체크하여 개발에 대한 집중력을 높일 수 있었습니다. 이런 협업을 통해 예상 개발 일정보다 한달 앞서 클라이언트 어플리케이션을 개발할 수 있었습니다.

2) 도전적인 활동 (➜ 한 문단으로 작성되어서 읽기가 지루하므로 줄바꾸기 실천)⑤

다양한 개발 커뮤니티활동을 하면서 능동적으로 커뮤니티 활동에 참여하는 사람들에게서 긍정적인 에너지를 받았습니다. 이런 감정을 학과친구들에게 공유하고 싶어 '코드뷰'라는 웹개발 소모임을 만들었습니다. 소모임은 웹서비스를 직접 만들고 Git과 협업방식을 교육하고 다양한 주제로 스터디를 하는 것에 목적을 두고 있습니다. 처음 개발을 시작하는 신입생부터 졸업을 위해 개발을 시작하는 4학년까지 다양한 이력을 가진 친구들에게 제가 개발 커뮤니티활동을 하면서 느낀 긍정적인 에너지를 나누어 학과가 개발이야기로 좀 더 활발해지는 바람이 있습니다. 경험 많은 선배와 둘이서 공부하던 소모임은 현재 6명의 동기와 후배들이 가입해 활동하고 있습니다. 현재 이런 소모임 활동을 확장하기 위해 학교지원 프로그램에 신청을 해둔 상태입니다.

[지원동기] (➜ 지원동기를 한마디로 표현할 수 있는 '소제목'으로 작성!)

빅데이터 분석 기술의 발달로, 온라인 광고 플랫폼에 국내외적으로 관심이 쏠리고 있습니다. 현재 대한민국에서 웹로그 분석분야에서 1위를 하고 있는 NHN D&T는 1위라는 자리에 만족하지 않고, 국내에서 대부분을 차지하고 있는 구글 광고플랫폼에 도전하는 PC와 모바일 웹, 앱의 광고 노출을 모두 아우르는 국내 최초의 플랫폼을 만들 목표를 삼고 있다는 점에서 제 열정을 쏟아 국내 최초의 온라인광고 플랫폼을 완성하는 데 이바지 하기 위해 NHN D&T에 지원하였습니다.

[입사 후 포부] (➜ 입사 후 포부는 회사를 위한 목표와 기여가 반영되어야 함!)

2020년 5G시대에 현재보다 1000배 이상 많은 트래픽이 웹으로 몰릴 것으로 예측합니다. 이런 대용량 트래픽을 처리 가공해 글로벌 기업으로 성장하기 위한 NHN D&T의 목표를 달성하기 위하여, 저는 2가지에 중점을 두어 성장 할 것입니다.

첫째는 제가 가장 관심을 가지고 있는 Java에 최고 전문가가 되기 위해 지속적으로 노력할 것입니다. 역량 있는 개발자로 성장하기 위해 필수적이고, 직무를 보다 능동적으로 수행하기 위함입니다.

두번째 새로운 기술과 정보를 오픈소스활동, 개발커뮤니티 등에 참여해 끊임 없이 배우고 도전하는 자세를 가지는 것입니다. 새로운 기술에 도전적으로 배우고 능동적으로 변화는 세상에 적응하기 위함입니다.

2020년까지 NHN ACE에서 가장 인정받는 프로그래머, 가장 신뢰하는 개발매니저로 성장할 것입니다.

※ 작성순서를 '직무적합성/조직적합성 ➜ 지원동기 ➜ 입사 후 포부'에서 '지원동기 ➜ 적합성 (직무적합성 / 조직적합성) ➜ 입사 후 포부' 순으로 변경

※ 지원자의 자기소개서를 읽는 사람 입장을 고려해 좀 더 가독성 있도록 문자 구성!

【원고의 문제점과 개선 방향】

① 만들어 보았습니다. → 제작하였습니다.

② 리뉴얼 하는 것을 허락을 받고 → 리뉴얼을 하였습니다.

③ 보유지식과 특허 부분은 지식적인 부분, 특허부분, 논문 등으로 구분해서 정리.

④ 나의 자기소개서의 가독성을 위해서 첫째, 둘째, 셋째 … 등은 줄을 바꿔서 시작.

⑤ 이하의 경험 작성사례 내용상 '도전'보다는 '팀워크' 역량을 강조하는 것이 더욱 좋음.

【문쌤이 콕 짚어주는 면접관이 읽고 싶은 자기소개서 작성법】

√ 자유 형식의 자기소개서는 기본적으로 '지원동기, 직무적합성(직무수행 역량), 입사 후 포부' 3가지를 기본구성으로 하되, 그 외 추가적으로 본인만의 특별한 내용을 담고 싶은 이야기가 있으면 추가로 구성!

√ 지원자의 자기소개서를 읽는 입장에서 좀 더 읽기 편하도록 가독성을 고려!

[After]

[지원동기]

'국내 최초의 온라인 플랫폼 완성에 기여하고자 지원하였습니다'

빅데이터 분석 기술의 발달로, 온라인 광고 플랫폼에 국내외적으로 관심이 쏠리고 있습니다. 현재 대한민국에서 웹 로그 분석 분야에서 1위를 하고 있는 NHN ACE는 1위라는 자리에 만족하지 않고, 국내에서 대부분을 차지하고 있는 구글 광고플랫폼에 도전하는 PC와 모바일 웹, 앱의 광고 노출을 모두 아우르는 국내 최초의 플랫폼을 만들 목표를 삼고 있다는 점에서 제 열정을 쏟아 '국내 최초의 온라인광고 플랫폼을 완성'하는 데 이바지 하기 위해 NHN ACE에 지원하였습니다.

[적합성 : 직무적합성 / 조직적합성]

〈직무적합성 (직무전문성)〉

1. '21. 07: AngularJs, NodeJs을 이용한 Todo서비스만들기 코드랩 참가

'Web Framework'에서 웹프레임워크 확산을 위해 주최된 코드랩에 참가하여, AngularJs와 NodeJS를 이용한 CRUD기능이

있는 Todo서비스를 제작하였습니다.

2. '20. 12 ~ '21. 02: Fusiondata 인턴

SPCIE API (VDI환경 구성 오픈소스)를 이용하여 안드로이드 모바일 클라이언트를 개선하였습니다. 개발은 인턴 2명에서 주도적으로 하였고, 저는 개선을 위해 기능별로 모듈을 나누는 작업, REST API 명세서를 보고 REST모듈 개발, 안드로이드 기기에서 사용되는 VDI에 접속하여 사용되는 키보드 단축키 버튼 개발을 하였습니다. 개발된 키보드 단축키 버튼 기능 개념은 특허출원을 하였습니다.

3. '20. 06 ~ '20. 12: 한국과학창의재단 주최 학부생 연구프로그램 리더

'LED-to-LED 양방향 멀티홉 가시광통신 네트워크 시스템'이라는 주제로 연구프로그램에 리더 자격으로 참가하였습니다. 연구는 소프트웨어를 통해 양방향 통신을 제어하는 것이 핵심 연구 주제였습니다. 연구에 필요한 양방향 통신 소스를 개발하여, 아두이노에 포팅하는 작업, 실험 결과를 정리하여 논문 작성 작업을 주로 하였습니다. 주요 성과로 LED만을 사용한 양방향 통신시스템을 소프트웨어로 제어하는 방식을 특허출원 하였습니다.

4. '20. 02 ~ '20. 04: 학과 홈페이지 개발

기존의 학과 홈페이지의 노후화와 웹 개발 공부 목적으로 학과 홈페이지 리뉴얼을 하였습니다. 개발은 2명이 하였습니다. 개발 스택은 LAPM으로 하였고, Git을 통해 버전관리를 하였습니다.

저는 게시판, 메인 페이지 이미지 슬라이드, 투표시스템을 개발하였습니다. 이미지 슬라이드는 오픈소스를 사용하였고 투표시스템은 난수표를 이용하여 인증코드를 투표자들에게 나누어 주어 인증코드를 입력하면 DB에 저장되어 있는 코드와 매칭하여 인증을 한 뒤 투표를 하는 방식으로 개발을 하였습니다.

5. 보유 지식과 특허

– 보유지식 : C, Java, PHP(중급), Javascript(중급) / AMP을 이용한 웹서비스 개발 / Git을 통한 버전관리 및 협업 방식

– 특허

. LED를 이용한 가시광 양방향 통신방법

. VDI 환경에서 3D터치방식을 이용한 모바일 기기의 단축키 입력장치 및 입력방법

– 논문 : 가시광통신 관련 LNCS, IEEE컨퍼런스 등 국내외 저널 논문 7편 등재

〈조직 적합성 : 조직생활에 필요한 소양 배양〉

조직생활을 위해서는 '협업/팀워크'가 무엇보다도 중요합니다.

1. '협업'을 통한 성공적인 프로젝트 완수

3학년 동계 방학 때 'Fusiondata'에서 SPICE를 이용한 안드로이드 클라이언트 개선 작업을 하였습니다. 작업은 기존에 있던 클라이언트 어플리케이션의 UI/UX 개선을 가장 중점적으로 하였

고, 새로 만들어진 REST API를 설정하였습니다. 인턴 2명과 인턴 담당자 한 명으로 구성되어 프로젝트를 진행하였습니다.

하지만 인턴 담당자는 인턴들의 업무 보고만 받았고 실질적인 프로젝트 개발은 인턴 2명만이 개발에 참여하였습니다. 저는 성공적인 목표 달성을 위해 동료와 3가지의 협업 방식을 적용하여 실천하였습니다.

첫째, 어플리케이션의 버전관리를 위해 사내 컴퓨터에 Git서버를 설치하여 운영하였습니다.

둘째, Git 작업 Flow나 충돌 이슈를 Slack을 통해 소통을 하였습니다.

셋째, 아침에 10분씩 동료와 스크럼 회의 방식을 통해, 그날 할 일과 문제점 등을 지속적으로 체크하여 개발에 대한 집중력을 높일 수 있었습니다.

이런 협업을 통해 예상 개발 일정보다 한달 앞서 클라이언트 어플리케이션을 개발할 수 있었습니다. 이번 인턴 기간 동안 직접 Git서버를 설치하고 작업 Flow를 매일 회의를 통해 정하면서 동료와 의사소통과 협업 방식이 중요하다는 것을 알게 되었습니다. 현재는 소프트웨어 개발에 널리 사용되는 애자일 개발 방법론에 대해 공부를 하고 있습니다.

2. '팀워크'를 통한 타인의 성공 길라잡이 역할

다양한 개발 커뮤니티 활동을 하면서 능동적으로 커뮤니티 활동에 참여하는 사람들에게 긍정적인 에너지를 받았습니다. 이런 감정을 학과 친구들과 공유하고 싶어서 '코드뷰'라는 웹 개발 소모임을 만들었습니다. 소모임은 웹 서비스를 직접 만들고 Git과 협업 방식을 교육하여 다양한 주제로 스터디를 하는 것에 목적을 두고 있습니다.

처음 개발을 시작하는 신입생부터 졸업을 위해 개발을 시작하는 4학년까지 다양한 이력을 가진 친구들에게 제가 개발 커뮤니티 활동을 하면서 느낀 긍정적인 에너지를 나누어 학과가 개발 이야기로 좀 더 활발해지기를 바라는 기대가 있었습니다. 경험 많은 선배와 둘이서 공부하던 소모임은 현재 6명의 동기와 후배들이 가입해 활동하고 있습니다.

[입사 후 포부]

'향후 대용량 트래픽이 웹으로 몰릴 것에 대비하겠습니다'

5G시대에 현재보다 1000배 이상 많은 트래픽이 웹으로 몰릴 것으로 예측합니다. 글로벌 기업으로 성장하기 위한 NHN ACE의 목표를 달성하기 위해 대용량의 트래픽을 처리하고 가공하는 빅데이터 처리 기술과 더불어 클라우드 플랫폼 관련 기술이 중요할 것입니다. 이를 위해 저는 2가지에 중점을 두고 매진하겠습니다.

첫째, 웹에 집중화 경향을 보이고 있는 대용량 처리와 아마존 웹서비스와 같은 클라우드 플랫폼에 대해 전문가가 되기 위해 노력하도록 하겠습니다.

이런 노력을 바탕으로 빅데이터 처리에 기반한 온라인 광고 플랫폼 개발을 통해 회사 발전과 함께 성장하는 신입사원으로서의 책임과 역량을 다하도록 하겠습니다.

둘째, Java 최고 전문가가 되기 위한 지속적인 노력과 함께 새로운 기술과 정보를 오픈소스 활동, 개발커뮤니티 등에 참여하여 끊임없이 배우고 도전하는 자세를 가지는 것입니다.

역량 있는 개발자로 성장하기 위해 필수적이고, 직무를 보다 능동적으로 수행하기 위함과 동시에, 새로운 기술에 도전적으로 배우고 능동적으로 변화는 세상에 적응하기 위함입니다.

이를 통해 NHN ACE에서 가장 인정받는 프로그래머, 가장 신뢰하는 개발매니저로 성장하여 글로벌 기업으로 성장하기 위한 회사의 목표에 한 걸음 다가갈 수 있도록 하겠습니다.

사례 2

자신에 대해 자유롭게 표현해 보세요.

(질문 의도)
지원자를 가장 잘 드러낼 수 있는 내용을 통해, 기업 입장에서 지원자를 꼭 채용해야겠다는 의사결정 결심을 할 수 있는 내용

〈메트라이프생명/인턴 최종합격, P대/수학과, OOO(여)〉

※ 본 지원자의 [Before] 자기소개서는 분실되어서 본서에 반영되지 못했음을 양지 바랍니다.

문쌤이 콕 짚어주는 면접관이 읽고 싶은 자기소개서 작성법

- √ 인턴 지원 자기소개서는 '인턴'이라는 내용이 고려되어야 한다.
- √ 자유 형식의 자기소개서는 기본적으로 '지원동기, 직무적합성(직무수행 역량), 입사 후 포부' 3가지를 기본 구성으로 하되, 그 외 추가적으로 본인만의 특별한 내용을 담고 싶은 이야기가 있으면 추가로 구성!

[After]

[지원 동기]

'인턴으로서 기업(조직) 현장의 생생한 소리를 보고 듣고, 실무 경험을 하고자 지원하였습니다'

사장이 직원들 가까이에서 그들의 목소리에 귀 기울이는 '메트라이프생명'만의 사내 분위기는 젊은 인재들이 자신들의 재능을 펼 수 있도록 하는 이상적인 회사 문화의 첫걸음입니다. 이러한 기업의 조직원으로서 실질적인 조언을 들으며 실무를 익히고, 업무에 적극적으로 참여할 기회를 부여하는 차별화된 인턴 제도를 경험하고자 합니다.

새로운 지식을 흡수하고 사람들과 적극적으로 소통하는 것에 익숙한 저의 장점을 활용해, 메트라이프생명만의 특별한 사내 문화 속에서 이를 발전시키면서 함께 성장하도록 하겠습니다.

[지원직무 수행을 위한 주요 활동]

제 꿈은 계리사로서 '생명보험 고객분들에게 수준 높은 보험상품을 제공하는 것'입니다. 이를 위해서 한 단계, 한 단계 준비 과정을 밟아가고 있습니다.

첫째, 계리사가 되기 위한 수리통계적 지식 배양

계리사가 되기 위해 필요한 수리통계적 지식을 쌓기 위해 노력하였습니다. 그 동안 터득한 저만의 학습법으로 수년간 숫자를 다루는 법을 배우며 논리적 사고를 기르고, 경제와 수리통계 수업을 들으며 전반적인 지식을 얻을 수 있었습니다. 또한 금융지식을 늘리고 다양한 사람들과 소통하는 힘을 키우고자 여러 해외 프로그램에 도전하였습니다.

입학하고 싶은 학교에 지원하고, 학비와 생활비를 위해 여러 장학금에 도전하여 미국 유학생활과 싱가포르 교환학생이라는 기회를 만들었습니다. ASA(준계리사)가 되기 위해 독학으로 취득한 미국보험계리사 EXAM P와 FM을 시작으로 올해 7월에 있을 MFE 시험을 준비하여 목표에 다가가는 중입니다.

둘째, 포기하지 않는 적극적인 자세와 태도

'00년도에 싱가포르에 머무는 동안, 예전부터 관심 있던 국제계리사에 대해 알기 위해 싱가포르 보험 계리 협회 실무자들에게 수십 번 메일을 보내 직업인 인터뷰를 요청하였습니다. 끝까지 포기하지 않고 시도한 결과, 한 컨설팅 대표로부터 저에게 '자신의 경험을 공유해주겠다'는 연락을 받았습니다.

계리사가 되기 위해 가져야 할 자질과 해야 할 일, 그리고 지금의 회사를 시작하기까지 이 분이 지나온 자취를 듣고 또 다른 동기부여를 받게 되었습니다. 한 회사의 리스크를 책임지는 사람으로서 국제계리사가 얼마나 중요한 역할을 하는 보람된 직업인지 느낄 수 있었습니다.

[조직생활에 필요한 소양 배양]

1. 적극적인 소통하는 Mind

대학생활 동안 얻은 것은 새로운 환경에서 다양한 사람들과 적극적으로 소통하는 것에 어려움이 없다는 것입니다. 한국에 거주하는 외국인들을 도와주는 언어교류 프로그램을 통해 다양한 친구들과 교류할 기회를 가졌습니다. 이를 계기로 한 싱가포르 친구 집에 거주하면서 낯선 땅에서 혼자 모든 걸 터득해야 하는 어려움을 이겨낼 수 있었습니다.

먼저 사람들에게 다가가는 용기는 미국이라는 새로운 사회에서의 적응에도 큰 도움이 되었습니다. 사람들에게 진심 어린 관심을 표하고 익숙하지 않은 것들을 알아가면서 그 나라만의 독특한 문화를 현지 가족들을 통해 배우게 되었고, 저와의 다름을 인정하고 수용하는 법을 배울 수 있었습니다.

2. 공동체 의식

대학 입학 후, 기회가 적은 사람들을 위해 한 첫번째 도전은 '한울타리'라는 교육봉사센터였습니다. 지역사회를 위해 같은 뜻을 가진 학생들과 어울려서 다양한 활동을 함께 기획하고 진행하였습니다. 저는 청소년들을 위한 수학 강습을 했는데 저에게 마음을 열고 능동적으로 수업에 참여하는 학생들에게 좋은 청자가 되려고 노력하였습니다.

제가 하고 싶은 일을 탐색하면서, '주변의 사람들이 나에게 필요로 하는 것이 무엇인가'에 대해 고민하였고 그 대답이 제가 이 활동을 하게 된 이유입니다. 이 교육봉사를 통해 공동체의 소중함을 느끼고 배려심을 키울 수 있었습니다.

[입사 후 포부]

계리사로서 저의 목표는 '더 많은 고객에게, 더욱 좋은 상품 제공을 통해 보험의 사각지대를 최소화하는 것' 입니다.

보호받아야 할 시기에 보험 혜택을 받지 못한 저희 할머니를 보면서 앞으로 제가 보험업계에서 할 일을 깊이 고민하였습니다. '더 많은 사람을 위한 더 좋은 혜택'이라는 키워드를 실현시키는 것은 '메트라이프'만의 오랜 과제이자 목표였습니다. 이에 부합하는 보험상품을 개발하여 사람들의 관심을 얻고, 보험의 사각지대를 줄여나가는 것은 저의 장기적 꿈이기도 합니다.

두 달이라는 인턴 기간 동안, 업무에 신선한 관점을 제공하고, 저만의 특별한 친화력과 배려심으로 조직에 융화되어 따뜻한 업무 분위기를 익혀나가도록 하겠습니다. 또한 '메트라이프'의 든든한 계리팀의 일원이 되어서 회사와 저의 공통목표를 실현할 수 있는 발판을 마련하도록 하겠습니다.

MEMO

MEMO

1000대 1의 경쟁률을 뚫는 자기소개서

지은이 | 문창준
펴낸곳 | 마인드큐브
펴낸이 | 이상용
책임편집 | 맹한승
기획 | 피뢰침
디자인 | 너의오월(홍원규)

출판등록 | 제2018-000063호
이메일 | mindcubebooks@naver.com
전화 | 031-945-8046
팩스 | 031-945-8047

초판 1쇄 발행 | 2022년 8월 8일

ISBN | 979-11-88434-61-9 03320